應用社會科學調查研究方法系列叢書 13

民族誌學

Ethnography：Step by Step

David M. Fetterman 著

賴文福譯

弘智文化事業有限公司

David M. Fetterman

Ethnography:
Step by Step

Chinese edition copyright © 2000
By Hurng-Chih Book Co., Ltd..
For sales in Worldwide.

ISBN 957-97910-8-2
Printed in Taiwan, Republic of China

序

　　身為人類學家，作者運用人類學的概念面對真實世界的問題。這種應用的經驗徹底影響了作者對民族誌的討論。這種傾向幫我將浩瀚的民族誌學主題縮小到一些最基本的要素。民族誌學不是森林一日遊般地容易，而是一段不凡的旅程，穿梭在社會互動的複雜世界中。

　　本書提出這段旅程裡眾多路徑之一，目的是為了幫助研究者樂於他們的研究並達到目的地。這並非只是一本教你如何做的書，也是一本可以幫助民族誌學家進行研究的指南。就像遊記電影一樣，本書鑑定並且討論每個民族誌學家或潛在的民族誌學家可能遇到的主要標的。諷刺地，在民族誌學中達到目的常代表走錯了路，面臨盡頭或需要改道，有時是完全迷了路。我希望本書將有助於啟蒙指導，成為教師寶貴的工具，並提供有經驗的民族誌學家令人愉快的溫習。

致謝

感謝許多朋友。同學們、計畫參與者、當地居民、行政長官、贊助人以及世界各地和我一起在許多的研究和不同環境（settings）上共事的同事們，這些人都曾經幫助我了解什麼是民族誌，他們的經驗對本書貢獻良多。

也感謝那些促成我知識上成長的人，特別是在教育和醫學人類學上。我要特別感謝 George 和 Louise Spindler 以及 Bert Pelto，他們幫我打下了解民族誌的根基。

內文中多次提到的精神測定學方面的幫忙，則是由 G. Kasten Tallmadge、Lee J. Cronbach 和 Ed Haertel 提供的。這些同事和 Lee Shulman、Joseph Greenberg、Jim Gibbs、Loisellin Datta、Steve Jung 與其他很多好朋友和來自人類學及教育委員會、全美評價協會、應用人類學協會以及全美教育研究協會的同僚們都協助我更進一步地了解道德上及政策上的決定。

Harry Wolcott、Michael Patton、Debra Rog 及 Elaine Simon 在完成這本書的不同階段裡慷慨地給予建言與提

議，他們的意見真是切中要點又有用。

特別感謝叢書編輯 Leonard Bickman 及 Sage 出版公司的總編 Mitch Allen，提供了所需的援助和彈性讓我可以無後顧之憂地完成這本書。

Deborah S. Waxman 提供了無價的協助，幫我完成許多在這本書裡提到的研究。她也大大地從旁協助我組織和編輯這些草稿。

D.M.F

叢書總序

　　美國加州的 Sage 出版公司，對於社會科學研究者，應該都是耳熟能詳的。而對研究方法有興趣的學者，對它出版的兩套叢書，社會科學量化方法應用叢書（Series: Quantitative Applications in the Social Sciences），以及社會科學方法應用叢書（Applied Social Research Methods Series），都不會陌生。前者比較著重的是各種統計方法的引介，而後者則以不同類別的研究方法為介紹的重點。叢書中的每一單冊，大約都在一百頁上下。導論的課程之後，想再對研究方法或統計分析進一步鑽研的話，這兩套叢書，都是入手的好材料。二者都出版了六十餘和四十餘種，說明了它們存在的價值和受到歡迎的程度。

　　弘智文化事業有限公司與 Sage 出版公司洽商，取得了社會科學方法應用叢書的版權許可，有選擇並有系統的規劃翻譯書中的部分，以饗國內學界，是相當有意義的。而中央研究院調查研究工作室也很榮幸與弘智公司合作，在國立編譯館的贊助支持下，進行這套叢書的翻

譯工作。

一般人日常最容易接觸到的社會研究方法，可能是問卷調查。有時候，可能是一位訪員登門拜訪，希望您回答就一份蠻長的問卷；有時候則在路上被人攔下，請您就一份簡單的問卷回答其中的問題；有時則是一份問卷寄到府上，請您填完寄回；而目前更經常的是，一通電話到您府上，希望您撥出一點時間回答幾個問題。問卷調查極可能是運用最廣泛的研究方法，就有上述不同的方式的運用，而由於研究經費與目的的考量上，各方法都各具優劣之處，同時在問卷題目的設計，在訪問工作的執行，以及在抽樣上和分析上，都顯現各自應該注意的重點。這套叢書對問卷的設計和各種問卷訪問方法，都有專書討論。

問卷調查，固然是社會科學研究者快速取得大量資料最有效且最便利的方法，同時可以從這種資料，對社會現象進行整體的推估。但是問卷的問題與答案都是預先設定的，因著成本和時間的考慮，只能放進有限的問題，個別差異大的現象也不容易設計成標準化的問題，於是問卷調查對社會現象的剖析，並非無往不利。而其他各類的方法，都可能提供問卷調查所不能提供的訊息，有的社會學研究者，更偏好採用參與觀察、深度訪談、民族誌研究、焦點團體以及個案研究等。

再者，不同的社會情境，不論是家庭、醫療組織或制度、教育機構或是社區，在社會科學方法的運用上，社會科學研究者可能都有特別的因應方法與態度。另

外，對各種社會方法的運用，在分析上、在研究的倫理上以及在與既有理論或文獻的結合上，都有著共同的問題。此一叢書對這些特定的方法，特定的情境，以及共通的課題，都提供專書討論。在目前全世界，有關研究方法，涵蓋面如此全面而有系統的叢書，可能僅此一家。

　　弘智文化事業公司的李茂興先生與長期關注翻譯事業的余伯泉先生（任職於中央研究院民族學研究所），見於此套叢者對國內社會科學界一定有所助益，也想到可以與成立才四年的中央研究院調查研究工作室合作推動這翻譯計畫，便與工作室的第一任主任瞿海源教授討論，隨而與我們兩人洽商，當時我們分別擔任調查研究工作室的主任與副主任。大家都認為這是值得進行的工作，尤其台灣目前社會科學研究方法的專業人才十分有限，國內學者合作撰述一系列方法上的專書，尚未到時候，引進這類國外出版有年的叢書，應可因應這方面的需求。

　　中央研究院調查研究工作室立的目標有三，第一是協助中研院同仁進行調查訪問的工作，第二是蒐集、整理國內問卷調查的原始資料，建立完整的電腦檔案，公開釋出讓學術界做用，第三進行研究方法的研究。由於參與這套叢書的翻譯，應有助於調查研究工作室在調查實務上的推動以及方法上的研究，於是向國立編譯館提出與弘智文化事業公司的翻譯合作案，並與李茂興先生共同邀約中央研究內外的學者參與，計畫三年內翻譯十八小書。目前第一期的六冊已經完成，其餘各冊亦已邀

約適當學者進行中。

　　推動這工作的過程中，我們十分感謝瞿海源教授與余伯泉教授的發起與協助，國立編譯館的支持以及弘智公司與李茂興先生的密切合作。當然更感謝在百忙中仍願抽空參與此項工作的學界同仁。目前齊力已轉往南華管理學院教育社會學研究所服務，但我們仍會共同關注此一叢書的推展。

章英華・齊力

于中央研究院

調查研究工作室

1998 年 8 月

目錄

1

第一步：總論

千里之行，始於足下。

— 老子

　　民族誌是一種描述群體或文化的藝術與科學。描述的內容可能是關於某個異國的小部落或中產階級社區中的一個班級。這個工作很像新聞記者所作的調查工作。他們要訪問相關的人、檢視檔案記錄、衡量與其他人意見相左的人的可信度，找出特定利益團體與組織之間的關聯，並為關心的大眾以及專業的同行撰寫整個故事的來龍去脈。然而，善於調查的記者和民族誌學家不同的主要關鍵在於：記者挖掘不尋常的事——兇手、墜機或銀行搶劫，而民族誌學家則記錄人們的日常生活。研究的焦點放在人類思想和行為中較可預測的型態上。

民族誌學家的特色是要能對他們所研究的族群或文化保持開放的心靈（open mind）。然而，這個能力不代表他們不嚴謹。民族誌學家帶著開放的心靈，而非空洞的頭腦進入研究領域。問第一個問題之前，他先遭遇到的困難是：必須決定是理論或範例的，必須決定研究的設計、特定資料的蒐集技巧、分析的工具及一個特定撰寫的形式。

　　就如其他每一領域的研究者，民族誌學家一開始也會對人們如何活動及思考有先入為主的觀念或偏見。事實上，研究的問題、地區或人群的選擇本身就是含有偏見的。偏見帶來正反兩面的作用。控制得宜的話，偏見可以集中焦點，避免不必要的努力。反之，則會在不知不覺中，折損了研究品質。為了緩和偏見帶來的負面效果，民族誌學家必須先把自己的偏見揭露出來。一系列額外的品質控管方法，像是多方檢證（triangulation），脈絡化（contextualization）及非主觀的方向（nonjudgemental orientation）可以降低這些偏見的負面影響。

　　開放的心靈也可以讓民族誌學家發現原先不在研究設計中，但卻豐富而未開發的資料來源。民族誌的研究可接受在研究過程中對於事實的多種解釋以及改變對資料的詮釋。民族誌學家樂於從主觀或局內人的觀點去了解及描述一個社會和文化的背景為何。他們既是說書人也是科學家；越是好故事，越是合乎科學的，越能讓民族誌的讀者接近並了解當地人的觀點。

這一章是民族誌研究過程中所有步驟的概論。以後的章節則會詳盡地陳述這些步驟的細節。研究過程始於民族誌學家選定了問題或主題及決定以理論或模式來主導研究。同時，也要選擇是否以基本或應用的研究方法來描述或表現研究結果。然後研究的設計提供了一套基本導引，在研究中指導該做些什麼事及該去的地方。田野調查（fieldwork）是民族誌研究設計中的核心部分。在這個領域中，基本人類學概念（anthropological concepts）、資料蒐集方法、技巧以及分析是「做民族誌」的根本要素。選擇和使用不同的設備，包括人體工具來促使研究進行。民族誌學工作經過各個階段的分析，最後變成以田野筆記、備忘錄、或臨時報告呈現的成品，不過大部分會變成出版的報告、文章或書籍。

　　隨後的章節將以有條理的順序介紹這些步驟，用具體的案例來說明每一個步驟。這種逐步進行的方法，也強調了民族誌研究中計畫和組織能力的重要性。民族誌越是有組織，他（她）就越能從所蒐集到堆積如山的資料中理出頭緒。要從充滿潦草難懂筆跡的草稿中篩選所要的，聽取數百小時的錄音帶，標記和編排大量的圖片及幻燈片，以及交叉檢索資料的磁片，對一個採取組織性且有審慎計畫的民族誌學家來說，會較其他人大為輕鬆。

　　然而，事實上民族誌的研究並不總是有條理的。這門學問包含無意中發現新奇事物的潛力和創造力、在對錯抉擇之際做出正確決斷、大量艱難的工作及可能面臨

過時的命運。因此，雖然本書的主題設計於有條理的結構下，我仍盡力傳達這些觀念，如同民族誌研究中一些沒有計畫且混亂無章但卻總是吸引人的特性。

另一方面，大多數的研究是先蒐集資料再分析，民族誌研究則是研究分析與資料蒐集同時進行。每一次在正式的分析出來之前，民族誌學家必須先從不同型態的資料中分辨及分析出有價值的相關部分。顯然地，民族誌研究包含分析所有不同的層次。從民族誌學家構思一個新計畫的那一刻開始到最後撰寫和報告他的發現為止，分析就是一種使人前進的動力和樂趣。

問題

民族誌研究肇始於選定一個問題或有興趣的主題。民族誌學家選擇的研究問題主導了整個研究的努力方向。典型的方式是以口述訂定研究設計，包括預算、工具，甚至研究所發現成果的呈現。民族誌學家如何解釋及定義問題的範圍通常反映了研究是基礎還是應用的定位。經由問題也許也可以找出最適合的研究方法——民族誌的、概括論述的或實驗性的。

一個研究者可以用很多方式提出問題——例如美國高薪資及高地位的職業中之少數不平等待遇。舉例來說，在確定整個美國中，某一項特定行業的種族數時，

概括論述的方法可能比民族誌的方法有效率得多。然而，描述性的探討，如民族誌法，則對研究特定行業中不平等待遇是如何發生的最為有用，包括文化價值如何傳承而造成制度上的種族歧視主義，以及人們如何看待這種不公平性。為了確定這個改善特定種族間經濟差異的計畫所造成的影響有多大，採用一個近於實驗的計畫（quasi-experimental design）加上描述性的方法應該會是最恰當的。因此，研究問題的定義其實就是民族誌學家想知道的一切說明。

本質上，問題或其定義是研究努力的原動力。問題先於研究方法的選定，以避免陷入尋找問題的迷思中，否則將會導致失敗和不精確的結果。

基礎或應用

研究者的任務是更進一步純化出問題的定義。一篇亂倫禁忌的論文似乎是典型人類學或心理學的研究。然而，在研究者可以判定分類歸於基礎或應用的，人類學、心理學、社會學或其他種類之前，有更多的特別問題需要提出。此例中，和正確分類有關的討論焦點是提出問題類型所具有的功能。

亂倫的民族誌學研究提出社會組織、文化法律和規範的問題。Arthur Wolf（1970）的民族誌所研究的中國

人的亂倫就是一個基礎研究的典型範例。相較佛洛伊德所提出的：禁忌是被利用來妨礙亂倫行為發生的論點，他的研究成果支持了 Westermarck 關於孩童時期親密的接觸會增加對性的厭惡的假說。這份報告實際上理論成分居多，不包含任何政策性、實際或合時的應用。

一份亂倫的研究也可以是應用性的民族誌工作。Phelan 在這個領域的研究就是個好範例。Phelan 的研究是有關亂倫在美國社會的情況。她發現發生亂倫的親生父親和繼父在行為和認知之間有顯著差異。舉例而言，親生父親比較可能因為小孩是他們本身的延續而和小孩有性關係。她的報告提出了關於亂倫禁忌所扮演的角色到底為何的重要問題，而研究也直接包含解決之道。Wolf 對亂倫問題的基礎研究方法包含長期的田野調查以及花了數年篩選家庭及政府的記錄。而在 Phelan 的應用研究方法中，田野調查及篩選記錄所需的時間較少。Phelan 的應用研究中包含對即時輔導方法的部分，不過理論上的影響力較小。而 Wolf 的研究發現在親屬理論方面具有重要意義，但較不具有實際上的重要性。基礎研究由研究者形成概念和設計，但他們必須尋求資金的援助，通常是由很有興趣的贊助者捐獻。所發現的成果發表在有評審制度的（refereed）雜誌上。應用性的研究經費則完全根據贊助者對這個題目所表現出來的興趣而定，但通常有訂定契約。發現的成果則發表在呈現給贊助者的報告中。

即使有這些差異點，基礎和應用研究的分界線已日

漸模糊。很多應用研究者現在都有固定的興趣在重要理論上，而且他們尋求一位在計畫的要求上和他們有類似興趣的贊助者。此外，他們也比較常在有評審制度的雜誌和學術專文上發表，就像基礎研究者對工作有興趣且尋找有興趣的贊助者出資。然而，象徵不同類型研究者的傳統差異仍然存在，就像如何表達、研究和撰寫的差異一樣。

理論

　　理論是實踐的指導方針；不管是民族誌或是其他的研究，任何研究都要有根本的理論或模式引導。無論是明顯的人類學理論，或隱諱的個人工作模式，研究者的理論方法都可以幫助定義及處理問題。

　　當我父親教我如何修理漏水的水龍頭時，在表演如何堵住漏水前，他先從解釋熱力學（thermodynamics）和水壓理論（hydraulic theory）的第一個定律開始。很顯然地，他對理論比對實務操作要有興趣，因為我一直都沒忘記在修理水管前上的那堂如何阻斷漏水的課。他哲學氏的探討也幫助我了解機器的零件是如何一起運作的。實質上，他提供了一份通往理論之道的地圖，並藉由證明機器中的每個零件的運作來解釋這個理論。

　　每個人都以自己心中關於事情如何運作的一種或一

套理論來處理問題，而技巧則是爲手上的工作選擇最適合的理論。舉例而言，我認爲一張簡單的流程圖可以告訴我如何修理漏水，這會比我父親用解釋高深技術理論的方法要來得容易且省時。

民族誌學家承認，爲了已選擇好的模式，了解認識論的基礎是很重要的。典型的民族誌研究模式奠基於現象學所引導的範例上。這個範例因爲接受多重現實而採用多元文化的看法。人們根據他們個人的認知而行事，而這些活動都有實際的影響力——因此每個人所見的主觀事實都不會比客觀定義和評量過的不真實。現象學所引導的研究通常是歸納性的，他們較少作一系列關係的假設。這樣的方法是基礎理論（grounded theory）的根本（Glaser & Strauss, 1967）。

建構於社會文化體系或社區的理論是直接從實驗所得論據發展而來。實證主義（positivism）的範例明顯地和現象學相反。不同於典型的民族誌學家，實驗心理學家比較可能接受實證主義的範例。實證主義採取有客觀事實的存在，是典型的演繹手法，對關聯性作預先的假設。

民族誌學家可從很多特定理論中來選擇。如果應用得當，每一種理論都可以在特定的主題發揮作用，否則理論是無用且會誤導的。說明力較薄弱的理論不適用於大多數題目，另外曾被揭穿擊倒的理論也最好不要用。大多數研究者不管有無明言，都用了二種理論中的一種：唯心論（ideational theory）或唯物論（materialistic theory）。唯心論提出：根本的改變乃源自於心靈的活動——思想和概念上的。唯物論者則相信物質狀態是改變的主要推動者，包括了生態資源、金錢和產品的形式。沒有一種方法可以解決所有的疑問；不同的民族誌學家選擇不同的方法來配合訓練，人格及特定需要或有興趣的問題。

認知理論（cognitive theory）是現今人類學中最受歡迎的唯心理論。認知理論認為我們可以用聆聽人們談話的方式來描述他們在想些什麼——這並非是沒有道理的假設。用語言上的技巧，我們可以分類出人們看待世界的方式。舉例來說，我們可以從愛斯基摩人身上得知他們對於雪的觀點，進一步地說，就是關於他們如何在雪這個大類別中更細膩地去區分許多種和他們生活用途不同類型的雪。唯心論研究者從心靈起源的觀點看待人的世界，包括思想、信仰和知識。人類學典型的唯心論包含文化和人格理論（包括心理分析理論）、社會語言學（Cazden, 1979; Gumperz, 1972; Heath, 1982）、象徵互動論（symbolic interactionism）（Blumer, 1969），以及種族方法學（ethnomethodology）（Bogdan & Taylor, 1975; Garfinkel, 1967; Mehan, 1987; Mehan & Wood, 1975）。

相對地，採用唯物論者學說的民族誌學家，是根據看得到的行為表徵來判斷一切。唯物史觀（historical materialism），或者說新馬克斯主義（neo-Marxism），是一種狹隘但典型的政治和經濟性的唯物論。馬克斯主

義理論認爲所有的變動皆源自於生產方式和經由這些方式所作的控制的改變。經濟勢力、階級意識、階級鬥爭和種種形式的社會組織驅使了社會和文化的改革。人類學中其他使用唯物論的方法還包括技術環境論（technoenvironmentalism）（Harris, 1971）和人文生態學（cultural ecology）（Geertz, 1963; Steward, 1955）。

　　我發現很多理論都能幫助我研究一項爲輟學生設計的全國性計畫——職業實習計畫（Career Intern Program, CIP）。想了解事情的真相，需要靜態和動態的理論。有一個結合了靜態平衡模式（Gluckman, 1968）的靜態功能理論（Geertz, 1957; Radcliffe-Brown, 1952; Vogt, 1960）能幫助訂定敘述的基準。結構性功能論的方法，能輕易地詳細標示出學校和輟學生與各個政府和類似政府的機構間關係的組織結構及功能。平衡模式讓我可以維持一切的平靜，就像爲了確認畫中的每一個人所站的位置爲何而一時靜止的情況。這個理論和範例有助於確立基準，進而觀察隨時間變化的現象。然而，這些方法通常被視爲是靜態的，且不足以研究社會文化的變遷。[1]

　　革新論（innovation theory）（Barnett, 1953）可以指引爲輟學生設計的 CIP 計畫之研究，這是一種動態理論。這項對於輟學生的實驗性計畫是有爭議性的改革。這個理論幫我分類整理了關於這個革新計畫的觀察所得，範圍從入門開始經由錯縱複雜的路徑到這個計畫的接受、拒絕或修正。文化的傳授和普及也可以幫助分析計畫是如何傳播到不同地方的（註：民族誌學研究中文

化傳播方法的其他範例，見：G. Spindler〔1955〕；Spindler & Goldschmidt〔1952〕；L. Spindler〔1962〕；Tonkinson〔1974〕）。靜態理論提供計畫中每一個時刻的瞬間印象，動態理論則有助於看出一段時間（較長期的改變過程中的一部分）重要行為模式的變化。

理論不需要費心地與建構、假設、主張和概論相提並論；它們可以只是個人看待世界如何運轉的理論。民族誌學家一般不會直言無諱巨型理論是什麼，因為他們不會主動地認同。巨型理論可以是有啟發性的，但很多民族誌學家發現它對日常研究之所需反而是累贅且無用的。通常民族誌學家會用學理上間接與巨型理論相關的範例來指導研究進行。巨型理論、範例和個人理論都會落入唯心論或唯物論的其中之一，這是一種基本的二分法，有助於分析其他研究者的工作和進行自己的研究。顯然地，在田野中的工作很多是重疊的，但大多數的研究者開始在腦中構想問題之前，都先從挑選一個本質上是唯心論或唯物論的理論或模式開始。

理論的選定應該根據其適用性、應用是否容易和解釋力。理論意識型態的基礎常常蒙蔽了研究者，而不是指引他們在混亂的資料中有所進展。當理論再也不能指導方向時就沒用了；當資料不配合理論時，就該再找一個新的理論來支持（對於民族誌研究理論的詳細討論，見：Bee〔1974〕；Dorr-Bremme〔1985〕；Fetterman〔1986b〕；Harris〔1968〕；Kaplan & Manners〔1972〕；Pitman & Dobbert〔1986〕；Simon〔1986〕；Studstill〔1986〕）。

研究設計：田野調查

　　根據 Pelto（1970）所說：研究設計「包括結合調查中的必要元素與有效解決問題的程序」（p.331）。通常研究設計是一種理想的藍圖，可以幫助民族誌學家在腦中構思每個步驟的順序，增進知識和理解的程度。設計通常以研究計畫呈現請求贊助單位的獎助。計畫的內容有背景資料，包括史料和文獻調查、特定目標、理論基礎、方法和計畫本身具有的意義，以及時間表和預算（計畫的許多部分可以被一再重複地應用於論文、文章、正式報告及書中）。一個有效的研究設計可以減少勞力，連結理論與方法，指導民族誌學家以及確保贊助單位。

　　田野調查是任何民族誌研究設計中最具代表性的一環。這個方法使所有民族誌研究的設計具體化。典型的民族誌需要六個月到兩年或更久的時間。田野調查實際上像探險一樣。民族誌學家從調查期開始學習基本的東西，包括當地的語言、血統關係的約束、人口普查資料、歷史資料和在未來幾個月中研究文化的基本架構和功能。即使民族誌學家有特定的假說需要檢驗，也是用歸納法進行蒐集資料的工作（見：Brim & Spain〔1974〕對人類學中假說檢驗的討論）。在研究中，民族誌學家所能想到的假說要比具體的發現來得多。在調查的階段過後，民族誌學家開始界定出地理性和觀念性的分界線，並透過對這個地方或計畫的基本理解，確立重要主

旨、問題或意見的歧異。判斷抽樣技巧，對於學習群眾如何看待被研究系統是相當有用的。

舉例來說，在一份探討一座研究圖書館館員之間衝突的報告中，我選定了心生不滿的館員中，最能暢所欲言和最能言善道的人來解釋因對次之化認知不同所造成的衝突。隨機抽樣可能有助於描述圖書館氣氛的代表畫面，不過可以確定的是，我可能會忽略掉最情緒化、最反叛的圖書館員，但為了了解整個圖書館中的這股洶湧暗流，我必須傾聽這些館員的聲音。

在許多應用性的研究中，長期持續的田野調查是不太可能也不奢望做到的。雖然 Malinowski 認為持續性的工作是不可或缺的。這個看法可以適用於研究異國文化，但在本土文化的研究工作也是如此的話，便過於誇張了。之前提過的 CIP 研究中，三年裡每隔幾個月我就會花兩個禮拜拜訪那些地方。這個方法讓我得以進行密集的田野調查工作，回憶及了解我所觀察和記錄的，然後回到當地測試我的假說。努力帶來了成功，因為我能不受時間的限制而看到行為的模式。在很多應用研究的情況中，有限的資源逼使研究者寧願在有截止日期的合約體制中應用民族誌的技巧，也不願使用發展成熟的民族誌。

田野調查最重要的是身歷其境去觀察，去問似乎是愚蠢但卻有洞察力的問題並寫下所見所聞。個人生活史可以特別詳細地說明。能言善道的人也許可以提供豐富寶貴的資訊。民族誌學家必須在資料成為建立學術基礎

的根基之前反覆檢查、比較和多方檢證。工作之初，適當的組織能力就可以幫助過程的進行，不管研究者是用傳統的索引卡、卡片盒、清單或高科技的資料庫、電子傳播出版品、文字處理軟體還是有大量彈性的資料儲存空間。保持資料的組織性和便利可以讓民族誌學家在調查中檢驗最小的假說。除此之外，組織化的可用資料在民族誌學家要離開當地並企圖理出所有的難題時是非常有價值的。在研究者自己的家鄉或國度裡所作的研究，是可以有第二次或第三次的造訪機會來檢查是否有漏失的資料，但在大部分例子裡，要回去是不太可能的。因為研究的文化時空太過遙遠或計畫已經不存在了。

決定何時離開當地是根據幾項判定的標準。通常研究經費能給予留在當地的時間有限，因此要設定研究計畫的時間表。在某些情況裡，可能是贊助者在預定的日期就要資料，或研究者有個人或專業上的截止日期。當然，最好的理由是確定已經蒐集到足夠的資料，可以令人信服地描述此文化或問題，並且說出其中的重要性。不同的研究者對特定研究所獲得的資料需要不同程度的信心。沒有人可以對研究結論的可靠性有十足的把握，民族誌學家需要蒐集夠多、夠正確的資料來確保對於研究發現的信心，且研究的正確性足以令人信服。除了特定訪談中觀念上的爭議，研究中發生些小錯誤是可以被容忍的。最後，當所獲得的報告越來越少時，即表示該是要離開的時候了。當類似的行為一再地出現時，調查者便應換一個觀察主題，仔細探討問題所在。同樣地，

當概略的描述一次又一次地經過證實，也許就是該打道回府的時候了。

形式分析

田野調查結束於研究者離開當地之際，但民族誌研究仍繼續進行。有些民族誌學家會花和先前田野調查工作一樣多的時間來作形式分析以及再分析他們所得的資料和撰寫論文。如果民族誌學家有組織地保存資料，並且在進行調查工作時能寫下研究的每一部分，那麼形式分析和報告撰寫會有效率得多。這在應用性的研究中要比傳統的民族誌工作容易許多，因為應用性研究的委託者會希望有備忘錄和研究期中的報告詳細描述研究發現。這些期中研究報告是民族誌的起始或具民族誌形式之期末報告。如果仍留在當地，應用性的研究者也可以獲得一些回應的利益。對所研究之群體或計畫的描述可以因為考量到委託者對正確性的反應和民族誌學家本身對此計畫認識的增加而有所修正。同樣地，備忘錄可以用來檢驗研究者對特定關係和身分象徵的了解程度。在一份以醫院急診室為對象的應用性研究中，我在備忘錄上描述了不同形式的制服，跟隨直升機的護士所穿的和正規急診護士所穿的傳統服裝不同，不一樣的制服象徵了讓正規護士羨慕的身分地位。結論是，這種羨慕的情

緒引起在上班時間裡的摩擦衝突（特別是會影響到病人的照護）。令人驚訝地，醫院管理者和這兩種護士都同意我的說法。在基礎研究中，我也發現了和訪談的對象一起寫專業論文的草稿十分有效。在以色列的集體農場中，我運用這個方法來測試我對集體農場生活的了解程度。集體農場成員對我的觀察的反應幫助我增進描述上、洞察力和發現的正確度。

然而，在分析的最後階段，民族誌學家必須一再地重新整理所有筆記、備忘錄、研究期中的報告、論文、錄音帶等資料，從無數微小細節和初步結論裡，描繪出整個體系運作的完整全貌。這個階段可以說是民族誌研究中最富創造力的一個階段。研究者產生構想，並大膽推測出合乎邏輯及有用的看法，當然研究者不可避免地要退一步看看資料是支持還是反駁這些新的論點，但只透過線性、規則性的方式是無法做到的。還需要傳統辛苦的研究才行，但彈性思考和天馬行空的聯想則是產生這些新觀點的催化劑。

民族誌

民族誌應盡可能地涵蓋一個文化、次文化或計畫的所有領域，但必然是無法達到。應用研究裡具民族誌特徵的報告要比民族誌更受限制，因為是在更多時間和資

金的限制下進展的。

不管是報告或已發展成熟的研究，成功或失敗端看其真實程度有多少。讀者可能不贊同研究者的詮釋和結論，但他們應該認同這些描述的細節是真實正確的。民族誌學家的工作不只是從內在或局內人的觀點蒐集情報，也要了解來自外在或外界社會科學上的看法為何。民族誌學家對整個體系的解釋可能不同於田野中或專業會議上的其他人。然而，對事物和環境的基本描述應該要和當地人或共事者所熟悉的一樣（除了說明異常行為或發現新概念的過程）。

「逐字引用」相當有助於寫出一份可信的研究報告。引用可以讓讀者衡量這份作品的品質以及評定民族誌學家是否適當地運用這些資料來支持結論，並看看民族誌學家能多了解當地居民的想法。因此民族誌學家必須慎重選擇符合描述情境及事件特徵的引用。用不具代表性的談話內容或行為來支持個人觀點是一點也不科學的，而且讀者可能會發現這個資料不真實。[2]

使用最適當的方法表達研究所獲得的資料是很重要的，但這卻是常被忽略而未考慮到的一環。民族誌或跟民族誌有關的報告是最常用於呈現結果的方法。我通常在我的報告內文中加入圖表、插圖和電腦螢幕畫面（如果可能的話）。具政策性涵義的民族誌研究特別需要精密的多媒體說明來吸引讀者。任何一種研究報告或說明都必須要以讀者最熟悉的語言表達：學者就用學者的方式，官僚就用官僚語言的方式，對多數美國人就用普通

英語，對研究的對象就用他們最主要的語言。除非民族誌學家用讀者了解的語言表達研究成果，否則這些可以啓發人的研究結果將無人了解。就像作研究一定要學會說研究對象所說的語言一樣，要和不同的讀者溝通研究心得，也一定要學會說不同讀者的語言才行（Fetterman, 1987a, 1987b）。

民族誌可以利用很多種文體和格式來撰寫。典型的民族誌描述族群的歷史、所處的地理位置、親屬關係的模式、象徵的符號、政治結構、經濟體系、教育或社會化系統以及目標文化和主流文化之間的連結程度[3]。特定的民族誌可能會著重於年輕人社會化時的特定要素，或首長等重要人物所扮演的角色為何（Wolcott, 1973）。

民族誌研究的結果可以透過報紙的發表、照片、記錄、演說及種種的電子媒體傳播。然而，出版成冊是最能控制品質和維持水準的，其他形式都還只是補充用的。民族誌通常形成長篇但非常吸引人的學術書籍。應用研究的贊助者通常比較願意閱讀長篇的民族誌報告，而不想看到突然出現的圖形或常出現在精神測定學中的，那種難懂的統計表。然而，如果民族誌太過冗長或寫得不好，也不會有人想讀。因此，如果這份研究想被人了解，易懂的文體和合理的長度是很重要的。我建議用一種清楚易懂、可以讓非學術界和不熟悉這種文化或研究的人感興趣及理解的寫作方式。總括的說，有許多寫作方式可以吸引和說服讀者相信這份民族誌研究的價值。為不同的讀者選擇適合的文體時，民族誌學家變成

了修辭學家，這樣是爲了替多樣性的群眾找尋最有效的溝通方式（Fetterman, 1987b）。

本書概要

　　本章提供了活潑的步調介紹本書將探討的知性領域。特別是還包括有民族誌研究中基本步驟的討論，著重問題的選擇和理論的應用。接下來的章節將帶領讀者一步接一步地窺視民族誌的全貌，階段性的駐足欣賞並品嚐一個又一個的觀念和技術的價值。

　　第 2 章將著重於民族誌中的指導概念：文化、文化的說明、主觀和客觀的論點、非評判性的指導、不同文化間或文化本身的多樣性、結構和功能，以及儀式和象徵，還有微觀或巨觀的方法和操作主義。第 3 章將說明處理民族誌必備的特定資料蒐集方法及技巧。討論的方法和技巧包括田野調查、選擇和抽樣，得到允許，參與觀察，訪談（系統化、半系統化、非正式或回顧的方式），概括論述或歐洲大陸周遊旅行形式的問題，特定問題（像是結構上和屬性上的問題），開放式或閉鎖式的問題，訪談禮儀和策略，會見關鍵人物或資料提供者，生活史的累積及意義深長的自傳性訪談，目錄和表格的使用，問卷調查，投射手法及種種謹慎的評估等。

　　民族誌研究的設備將於第 4 章中作介紹。最重要的

工具就是人，也就是民族誌學家自己本身。其他常用的工具包括筆、筆記本、筆記型電腦或桌上型電腦、錄音機、相機、攝影機和卡式錄放影機及電影等。這些工具可以幫助民族誌工作進行順利，也可以用來蒐集、組織、儲存、分析及呈現資料。

第 5 章探討分析在民族誌中所擔負的任務。包括討論看似簡單的思想程序，以及比較耗時、費力的方法，像是多方檢證，思想和行為模式的文件引用及分析關鍵事件。此外，也會討論圖表、流程圖、組織表、模型、內容分析及統計學。

第 6 章描述民族誌的撰寫。就像分析一樣，撰寫也包含在民族誌的努力過程中。特定的里程碑可以強調出寫作在民族誌學中的重要性，包括研究計畫、田野筆記、備忘錄、研究期中的報告、最後報告，論文和書。民族誌文體的根本要素在調查中也會浮現，像是深度描寫、逐字引用、民族誌作品的使用及民族誌成果的呈現。本章也討論跟民族誌有關的報告，以及文學扮演的角色和多樣性編輯的影響。

第 7 章，我們旅程的最後一站，將討論倫理道德，重點在民族誌研究中方法和道德概念的抉擇。就像分析和撰寫一樣，倫理道德和民族誌學家必經的每一步有關。研究中每個階段的問題挑選以及學術或應用定位的選擇都隱含了道德在內。最根本的道德標準，包括獲得同意（為了保護個人隱私）、誠實、信任、互惠關係及嚴謹的工作態度。民族誌研究中多數批判性的道德難題

都是關於對犯罪的認知和使用不正當的手段。

　　每一章都承接了前一章，在本章所討論有關選擇問題的方式和理論的重要性，將在下一章有更進一步的探討。民族誌學家不可避免的要熟練研究會用得到的工具——不論是方法技巧或是機器設備。如果先前的章節有為討論民族誌研究中的分析打基礎，在這個階段討論就會變得比較有意義。同樣地，撰寫所佔的地位將在第 2 章至最後一章討論到，因為這是整個過程中最後的一環，也因為民族誌中撰寫的意義被擴大，而需要一系列的討論來說明「做民族誌」需要做些什麼。最後，因為討論倫理道德需要完整的全文，所以把這個主題放在最後。這些章節將逐步地提供一條路徑，指引走出複雜的民族誌工作。新手將可以按章節前進而對民族誌有全盤了解。有經驗的民族誌學家會發現，這些章節提供了令人心曠神怡且愉悅的完整參考要點。

註釋

---

[1] 這是可以辯論的，Radcliffe-Brown 的功能論（functionalism）是靜力學（static）的，而 Vogt and Geertz 的是動力學（dynamic）的，但是這兩種形式和一般的力學理論比較的話，則都是靜態的。

² 研究者可以選擇引用反映出政治觀念學或利他意圖的引言。然而，這門課是強調重視原因，而非科學。優良且光明正大的研究和政治性擁護的界線是很狹窄的，但只要研究者一跨過它，就會危及研究的品質和尊嚴。一個好的研究者是不畏於進入政治的競技場——在完成研究之後。

³ 民族誌根本上是本質的描述。民族學比較並對照文化和文化的元素。民族學把民族誌當作原始的資料。民族誌學和民族學是用來完成一個可理解的人類學研究，需要一般的文學檢閱，資料蒐集技巧的呈現、描寫、轉譯和彼此關聯的討論。民族誌是人類學中的描寫工具，可以是自成派別或成為其他更大成就的基礎。

2

有節奏地行走：人類學的概念

> 聽到的旋律是甜美的，但那些聽不到的卻更
> 加甜美；所以，柔美的管樂，繼續演奏吧……
> —John Keats

　　在這個領域民族誌學家所從事的實際工作就是民族
誌。相關的教科書有 Pelto（1970）、Pelto 和 Pelto（1978）
的範本，另外尚有 Spradley（1979, 1980）、Spradley 和
McCurdy（1972, 1975）的合著，Werner 和 Schoepfle
（1987a, 1987b），Goetz 和 LeCompte（1984），Agar（1980,
1986）及其他許多人的作品和文章都可以引導初學者進
入此一領域，同時對於經驗老到的民族誌學家亦能充實
所學。然而實地的田野調查工作卻得身體力行，別無他
法。一個訓練有素的民族誌學家能夠在正規的學校教育

和田野工作經驗之間取得平衡（Lareau, 1987）。民族誌學家進行研究的方式正好說明民族誌的問題所在。

　　這個章節要介紹一些重要的觀念，也是民族誌學家的工作方針。正如標題所言，這些觀念可建立有節奏的步調，使研究工作邁步向前，就好像音樂能使徒步旅行的人產生有節奏、柔和的步伐而加快旅程，同時也可紓解壓力（參閱 Fletcher〔1970〕「討論節奏與步調」，第 47-52 頁）。隨著經驗的累積，這些觀念能主動地指引民族誌學家工作上的策略和行為。此章節也幫助新進的民族誌學家適應基礎民族誌觀念和研究價值的文化。在和專門討論方法和技術的下一章節相結合之下，此討論亦能幫助建立對不同事物上正確工具的使用——及正確的使用時間。有經驗的民族誌學家會發現和他們知識相對應之處。田野工作中的民俗學調查研究和交易工具的討論也可幫助精進他們的經驗，使其技術更加純熟。

文化

　　文化是最廣泛的人類學觀念。由對文化的定義，我們可看出一個唯物論者或唯心論者的想法。古典唯物論對文化的詮釋重心是放在行為上。從這個角度而言，文化是社會團體中一切可觀察現象的總稱，包括行為、習俗及生活方式（Harris, 1968, p.16）。而文化最著名的唯

心論定義則是認知定義。根據認知論，文化包含想法、信仰和知識，以形成特定團體的特徵，而這種定義也是目前最受歡迎的一種，但它卻特別將行為排除。很明顯的，民族誌學家需要了解文化行為和知識以適切的描述文化或次文化。雖然沒有一個定義是完整且足夠的，但每種想法都能提供民族誌學家一個出發點和探討研究團體的未來展望。舉例來說，採取文化的認知定義會使民族誌學家趨向著重於語言資料，也就是日常交談。採用認知論的民族誌學家會詢問社會團體的成員如何定義他們的現實環境、他們存在的次級定義及所使用符號的意義。這種認知論研究者會創立分類學以區分層級與類別。在不同時候要完整探討自然環境中人們的思考和行為方式時，唯物論和唯心論二者的定義都是相當有用的。

　　不管如何定義，文化觀念有助於民族誌學家在千頭萬緒卻又不失制式的群體行為和思想中，尋找合乎邏輯且凝聚在一起的模式。這樣的觀念在經過不同文化間的洗禮後，隨即變得意義非凡。對學生而言進入不同文化領域時，一切都是新鮮的。當地人的態度和習慣，對陌生人來說是鮮明且相當不一樣的。因此在陌生的國度住上一段長的時間有助於田野工作者了解當地人民主要的想法、價值觀和行為，包括走路、交談、穿著、睡覺……等種種事物。人在一個環境待得越久，建立和諧關係，觸角越深入，學習這個文化驚人的潛在部分的可能性就越大，其中包括人們如何拜天、如何感受彼此，以及如

何加強文化以維持這個系統的完整性。有趣的是，在另一個文化中居住有助於個人客觀地看待不僅是異文化中人們的行為和信仰，同時對於本身的在地文化亦復如此。然而，在離開一段時間之後，回顧的民族誌學家常覺得自己像是一個陌生人處在陌生的國度——身陷分不清什麼才是最熟悉的迷惘之中。這種經驗常被稱為「文化衝擊」（cultural shock）。

　　人類學者探求小團體或社區的林林總總，好用以描述其豐富的內在及複雜性。在研究這些細節的過程中，他們總是會發現背後一股使系統運作的力量。這些文化元素能組合或分解一個團體的價值觀或信仰，但它們往往有共通的焦點。察覺這些抽象的元素在既有文化中所扮演的角色，能給予研究者一幅此一文化運作的清楚景象。舉例來說，每個文化皆有其專屬的血緣架構、宗教和經濟模式。這些文化元素每天在不自覺的情況中扮演著操縱的角色——就像是文法在語言裡扮演的角色。文化中不同的次團體對於他們表層的血緣架構、宗教和經濟體制上可能有相當不同的態度，但若更深一層，通常是文化元素背後的潛意識意象上，他們往往有共同的信仰。好比說，一對年輕的美國夫婦可能會為了結婚時，女方是否要冠夫姓而爭吵。他們會爭吵的事實顯示出婦女和任一子女在傳統上都必須冠夫姓的血緣系統。因此，雖然兩人對將來他們個別的／共同的名字有不同的意見，他們卻都承認所謂父系承襲的血緣系統的主導性，而這也是互動上共有的焦點，亦是對傳統上共有信

仰和行為的認知（有關親屬關係和社會組織的詳細討論，見：Bohannan & Middleton〔1968〕）[1]。

許多人類學者認為文化詮釋是民族誌學者的主要貢獻。文化詮釋牽涉到研究者在社會團體現實觀的架構下，描述所見所聞的能力。「使眼色和眨眼」即是一個這種詮釋上貢獻的典型例子。這兩者之間的機械差異也許不是很明顯，然而，每個動作的文化背景，人與人之間每個動作所表示的關係，以及這兩者的周遭背景皆有助於定義和區分這兩種明顯不同的行為。任何曾將眨眼誤會為暗示的人都能深深體會文化詮釋的重要性（Fetterman 1982a, p.24; Geertz, 1973, p.6; Wolcott, 1980, pp.57, 59）。

一個文化詮釋是以仔細蒐集的民族誌資料為基礎，再加上民族誌方法和技術，文化詮釋以及其他許多不同的基本觀念逐一構成所謂的民族誌，包括了整體觀、脈絡化、內在和外在觀點以及無可批評的現實觀。

整體觀

民族誌學家研究時採用整體觀來得到社會團體全面且完整的圖像。他們會盡可能的描述一個文化或社會團體。這樣的描述可能包括群體的歷史、宗教、政治、經濟和環境。沒有一種研究可以包含整個文化或團體。巨

觀的研究方針可以趨使田野工作者的視野超越短暫的景象或事件，這樣的景象或事件可能發生在教室、醫院的病房、城裡的街道，或是華盛頓、紐約、芝加哥等任何城市的豪華辦公室內。每個景象的背後都有多層互相牽連的背景存在著。

　　巨觀的研究方針需要花大量的田野工作時間來蒐集各種文化整體的資料。同時也需要多重的方法和假設來確定研究者已用到所有的觀察角度。理想上，這種方針可以幫助田野工作者發現其研究社區或計畫中不同的系統或系統的相互關係，而這通常要將重心放在資料的脈絡化上面。

脈絡化

　　脈絡化的資料牽涉到使用更大的視野來觀察。舉例來說，在我的 CIP 研究中（見第 1 章），發現四個輟學研究計畫的進展緩慢。學生們都在學校大樓裡閒晃，有些教師一缺席就是好幾天，使得這個研究計畫缺少他處的熱衷氣氛。單純陳述教室或學校層級的事件終究會演變成無法策動教師或學生的失敗計畫。然而，當我質問學生為什麼不去上課，他們竟然說研究計畫中沒有教室器材可使用，甚至「連紙都不用」，於是，我開始和教師進行訪談，試圖找出癥結所在，他們說沒有足夠的資

金來購置教室器材。和一個個管理階層接觸之後，我追溯到問題出於計畫的贊助者和管理單位之間的爭論。管理單位說贊助者欠錢，並告訴贊助者說除非把錢撥下來，否則他們不會動用基金。這種單位間的對立已經擴展到教室，並使計畫幾乎停擺。這種資訊提供了在描述教室時所必須擁有的一種更寬廣的角度。

藉由結合這些資料和學校所在的環境之簡述———一個窮困之處，乞丐、娼妓、縱火犯和殺人犯聚集的地方——我寫了一份報告，其內容有助於決策者了解社區某些因子的力量會影響學生的課業。這樣的記述也提供了校方在吸引和留住學生上一個有利的觀點。因此脈絡化使我和計畫的贊助者避免犯上共同的錯誤，也就是責怪受害者（Fetterman, 1981b）。

這項研究中的另一個例子是，決策者曾因為參與計畫的人數過少（大約只有 60%到 70%的人）而考慮終止輟學研究計畫。我提醒他們 60%到 70%的數目所要比較的基準是 0，而不是 100%，而這有助於決策者作出關於此一計畫更通達的決定。在這個例子上，脈絡化確保了這個研究計畫可以繼續為先前的輟學生提供服務（Fetterman, 1987a）。

內在觀點及多重現實

　　內在觀點，也就是內部的人或當地人的現實觀，是大多數民族誌研究的重心。內部的人的現實觀有助於了解和準確地描述狀況和行為。當地人的觀點也許不符合「客觀」的真實性，但卻能幫助田野工作者了解社會成員從事工作的原因。民族誌採取現象主導的研究方式，而這和以簡單、線性、邏輯的觀點運作的方式相反。

　　內在觀點有多種現實上認知和接受的強迫性。既有研究中多重現實的文獻證明對於了解人們用不同方式思考和行動是必要的。不同的現實認知是了解個人的宗教、經濟或政治地位的有利線索，同時也有助於研究者了解適應不良的行為部分。舉例而言，在一份民間醫療團體的研究中，採取內在觀點和承認多重現實使我發現為何社區內有這麼多人死亡。我發現團體的成員常依賴當地的醫療者用草藥、祈禱、獎章、蠟燭、雕像、香料、肥皂、噴霧劑和金錢來從事治療。七大非洲力量是一種最受歡迎的占星術。非洲力量的七聖人是 chango、orula、ogum、elegua、obatala、yemalla 和 ochun。每一個都代表一種特殊力量，同時也有其專屬的代表性護身符、草藥、香料和油精（宗教教育素材的例子，見：Claremont〔1938〕；Gamache〔1942〕）。

　　民俗醫療者（folk medicators）對於疾病和其治療有自成一格的解釋，但那卻和傳統西方醫學的理念背道而

馳。而這團體的成員也去看西醫，這在同化過程中是關鍵所在，同時也是其信心的一大表現。其中有些人是因為相信民俗療法不像以往那麼有效，而有些人則是被他們的子女或朋友說服才去看醫生。然而後者卻是認為民俗療法有效，而西方醫學是無效的。他們之所以會去看醫生是為了避免和子女起爭執，或是尊重朋友的意見。然而，他們總覺得跟西醫說自己接受民俗療法的治療是一件難以啟齒的事情，而很多醫生也不想聽到這樣的事，或者，他們根本不屑一顧。就因為這些人處在兩種對立的醫療傳統中，這些社會團體的成員乾脆就同時接受民俗療法和醫生的處方來解決矛盾。其結果從作用兩相抵消到致人於死都有。這兩種醫療傳統重疊使用的話有時候足以致死。民俗療法會採用強效的草藥，包括指頂花，其成分內含有毛地黃（digitalis，一種強心劑）。病人如果也同時使用有毛地黃的處方的話，往往造成強心劑過量而致死。

這個研究是要使民俗醫療者和醫生相互知曉彼此的次文化而降低死亡率。同時研究也展示了採納內在觀點和承認多重現實的重要性。然而，在這個研究中，不同的現況（民俗醫療者和醫生）是對立的，需要外在或旁觀者的看法來產生此一醫療和文化現象的完整意象。

外在觀點

外在觀點是外人的、社會科學的現實觀點。有些民族誌學家只對內在角度的敘述有興趣，也不會用外在或科學的觀點來處理他們的資料。他們總是站在民族誌範圍內理想和現象的觀點。也有其他民族誌學家在分析時比較喜歡先採用外在角度處理資料，然後再考慮內在角度，這樣的人則是站在唯物論和實證哲學的觀點。關於究竟是如何引起人類的行為，到底主要是由想法（唯心論，主要由內在觀點所主導）或是由環境（唯物論，通常由外在觀點出發）所引起的？這項衝突曾一度使整個領域焦頭爛額。而今天，大部分的民族誌學家只把內在或外在方向當作一種形式的連續記號，或是不同層級的分析方式。大部分的民族誌學家開始蒐集資料時會採用內在觀點，不管從當地人的眼光或他們自己的科學分析上，也試圖使蒐集的資料有意義。田野調查時需要洞察力和敏感的文化詮釋，再加上精確的資料蒐集技術，所以一個好的民族誌學家需要同時具備內在和外在觀點。

我總用內在觀點對情況和族群進行了解來執行工作。若要使得篩選、記錄和觀念的表達有令人滿意的結果，通常需要數小時、數天、數月，甚至數年。雖然很花時間，這樣的方式卻能確保我蒐集的資料具備有效性和實用性。下一個章節將要討論許多用來蒐集和詮釋資料的方法。而這個章節是討論從內在和外在角度來分析

大量的資料。

無主觀判斷的方針

　　有些民族誌觀念促使研究者朝新的方向去探索，有些確保資料確切無誤，有些則防止資料的誤謬。無主觀判斷的工作方針能使民族誌學家三者兼顧。最重要的是這觀念讓民族誌學家避免對所觀察的事物做出不適當和不必要的價值評斷。

　　無主觀判斷的工作方針需要民族誌學家保留有關既有文化行為的個人價值批判。保留無成見的工作方針就如同一個人看電影或一本書時抱持懷疑的態度是一樣的，唯有讀者接受不合邏輯或令人難以置信的情境，作者才能任意揮灑出動人的故事。

　　我有一個親身經歷恰好可以作為指引這觀念的例子。這故事是有關於我和一個阿拉伯人在西奈沙漠所發生的事情。和這個阿拉伯人相處的時候，我試著盡量不讓西方的衛生習慣和一夫一妻制的觀念差異表現在我的舉動和文章上。我用「試著」這個字眼只是對剛認識的人的一個反應罷了。可是我卻大吃一驚。我讚賞他在沙漠中從一個水井跋涉到另一個水井，在惡劣環境下的生存和適應的能力。然而我對他衣服的氣味（尤其是騎過駱駝之後）的個人反應卻對他相當不公平。他借給我他

的外套使我免於高熱。當然，我感謝他，因為我讚賞這樣的舉動，而且我並不願冒犯他。但是儘管如此，在那天所剩的旅程中，沙漠的乾熱下我仍覺得自己聞起來像駱駝。因為距離我們的目的地——聖凱薩琳修道院——只剩一到兩公里，我在想是不是不需要外套了，但這短暫的旅程卻變得毫無止境，途中要經過岩石山路和乾涸的河床及峽谷。我發現如果沒有他的外套，我早就中暑了。這沙漠乾燥的就連汗水也會立刻蒸發，而且一旦溫度上升到超過華氏一百三十度時，一個沒有經驗的旅行者可能不會察覺到這一點。藉由減緩蒸發的速度，這件外套使我得以保留水分。如果我拒絕接受他的外套，或是由於他的衛生習慣的緣故，我一定會被烤焦，而且也永遠不會有機會知道他們是怎麼利用沙漠中最珍貴的資源——水——來解決生活問題。我們迂迴的路線其實是循著一個個暗藏的水源地而行，並不是順著到修道院的直線距離而走。

關於這點，說穿了，只是民族誌學家在探討另一個文化時必須秉除對陌生行為的價值評判，但又不能完全中立。我們都是所屬文化的產物，我們有個人的信仰、偏見和喜好。社會化已深植人心，然而，民族誌學家卻能藉由詳述和嘗試公平看待另一個文化來消除許多明顯的偏見。而具民族優越感的行為——以一種文化價值及標準置於另一種文化之上——則是民族誌上一項致命的錯誤。

文化間和文化內的多樣性

　　民族誌的危險性就在於可以產生一個族群、次文化或文化的刻板印象。民族誌學家必須縮小所觀察的世界，並將其具體化。儘管大部分的民族誌是那樣的冗長和鉅細靡遺，他們基本上只代表了民族誌學家所見所聞的一部分。然而，一個觀念的通盤、連貫、兼具內在和外在及無成見的超然，則須仰賴民族誌學家篩選所有的知識、見聞、訪談、理論和田野調查的所得才能呈現一個文化的本質。

　　這些觀念同時具有限制性和開放性。他們能使一個人認知的天賦發揮到極限，讓民族誌學家用新的角度看待熟悉的事件，以及會注意一些行為和例行事務不為人所察覺之處。同時，這些壓力會影響民族誌學家的每一個動作，好比像天氣和岩石的外形輪廓等自然因素會影響攀岩者的行動。攀岩者必須全神貫注，尋找下手或落腳的最佳之處，以及攀岩最有利的位置。險落、陣風和岩石的輪廓會引導和限制攀岩者攻頂。同樣的，田野調查者必須謹守和遵循在田野工作中所透露的一言一行。這些觀念形成資料的蒐集和分析，也防止研究者在追求巨觀時迷失在旁枝末節之中，或遺漏潛在的不同性。

　　文化間和文化內的多樣性觀念在此是特別有用的。文化間的多樣性（intercultural diversity）指的是兩個文化間的差異，而文化內的多樣性（intracultural diversity）

是指一個文化內的次文化間的差異。文化間的多樣性相信是顯而易見的。用逐一探討偏差的方式來比較兩個不同文化的描述——比較他們的政治、宗教、經濟、血緣和生態系統及其他相關方面。然而，文化內的差異卻較易為人所忽略。我早年研究時描述一個城裡的學校（我十年前在那兒教過書，也做過研究），就忽略了鄰近地區的多元性。社區內的朋友憶起了一幅景象，同時他們的意見使我了解我的描述是過分單純。我描寫了殘破的建築、街上的酒鬼和毒癮者、像工廠一樣的學校和罪犯，但是我忘了要去記述想要恢復城裡生氣的少數有聲音的一群人：有些房子上了新的油漆，一個新成立的父母親聯盟試圖處理青少年犯罪，一個社區俱樂部也在成立中，沒有一個族群是全然單一組成的。在我一心一意連結整個大環境，並使其觀念化的同時，卻疏忽了要去注意和考量其中的差異，也就是文化內的多樣性。所以我所謂的大環境圖像並不是一個完整的圖像。而經過修正之後，我們的報導更加均衡，也使得這個大環境圖像更加可靠，也更接近所謂完整的圖像。

這些觀念可以檢驗我們的觀察角度，幫助田野工作者在此領域所觀察的事件中，找出會推翻此領域中有關觀察事件的一些既定理論或假設。在一些個案中，這些差異是社區內有系統的活動，促使田野工作者重新調整研究重心，放棄過時和不適宜的理論、模型、假設和考慮，對於已經釐清的疑雲，也要再修正其角度。在其他個案中，這些差異反而比較特殊，但在強化其他主體部

分時卻很管用，不過這是個例外，目的在證明理論。然而，在大部分的情況裡，這樣的差異在沒有受到足夠考量的社區中，具有指引其層次或範圍的作用（關於文化內的多樣性之性質研究實例，見：Fetterman〔1988b〕）。

結構和功能

結構和功能是研究社會組織的傳統觀念。這裡所謂的結構（structure），指的是社會結構或群體的型態，例如血緣或政治結構。功能（function）則是指群體內成員的社會關係。大部分的族群具有可供認知的內部結構和協助管理行為的一套既定的社會關係。舉例來說，一個公司基本上會有正式的組織架構圖（organizational charts），用來描述公司的階級結構和各種部門。一個公司的組織架構圖呈現理想的公司意象，而對於研究公司文化的民族誌學家來說，這是相當有用的出發點。圖表本身在於敘述組織的自然現象，然而，民族誌學家的工作需要對非正式的脈絡化和主宰公司的影響力有更深入的審視。民族誌學家必須記述組織的基本結構好了解其內部作業。這過程很像發覺和釐清一個語言的表層和深層意義。民族誌學家也要描述一個組織和另一組織在功能上的關係，以解釋社會文化系統的運作方式。

和公司不同的是，大部分的文化和次文化幾乎沒有

清楚的組織架構圖來說明他們的結構，以及功能上和相互之間的關係。即使如此，就連城裡的幫派也有足供觀察之處：在發表幫派內和幫派間的火拚，以及各種經濟往來的報告之後，都市民族誌學家知道了幫派頭目、幫派成員表示忠誠的方式，以及其他功能上的關係。負責竊取財物和保管贓物的幫派分子，他們之間的關係對於幫派的經濟命脈有至深的影響。同樣的，由於同仇敵愾而產生的忠誠，對於交易上的衝突亦是顯而易見的（見Evans-Pritchard〔1940〕詳細討論了片段的連結以及Keiser〔1969〕關於城內幫派的討論）。

民族誌學家運用結構和功能這樣的觀念作為審視的依據。他們從研究團體中擷取資訊，建立如骨架般的結構，然後再編織以社會功能，這就好比覆蓋在骨架外的肌肉、血管和神經。對於系統基本結構的充分認知能使民族誌學家有建立民族誌描述架構的基礎。[2]

象徵和儀式

民族誌學者尋找能幫助他們了解和描述文化的象徵。象徵是激起強烈情緒和思維的一種扼要的表達方式。十字型或燭台表示宗教，而「卍」字型則表示行動，不論是原來的納粹行動或是新納粹行動，旗子則代表國家，用來激發愛國熱誠和效忠。

然而象徵不只侷限於國家、大規模的組織或行動，它們是日常生活的一部分。例如學校會選擇吉祥物來代表學校的精神，社會或學術團體會配戴胸針以供識別。象徵能讓民族誌學家審視文化，同時也是深入探討文化信仰和行為的工具。而象徵往往是儀式的一部分。儀式是不斷重覆的象徵性行為，在宗教和非宗教生活方面都佔有一席之地。在 CIP 學校裡，管理人員、老師和學生每個月都會有一天穿上特別的 T 恤。T 恤代表這個計畫合作、努力、友誼、成就和教育機會的價值觀。

　　同樣地，輟學 T 恤也是一種象徵，每個月也會選一個特別的日子穿上。這天是計畫的儀式，學生們可以領到特別的獎賞以強化他們特定的正面行為，例如最佳或是進步最多的出席率。在計畫中，每一個人（包括校長）在儀式中都會穿上這件象徵性的 T 恤。這個儀式的用意在於強化團體的向心力或家庭的溫情，同時也獎勵德行（Burnett, 1976）。

　　在公司行號和機構也有儀式存在。我在研究一個大學醫院的期間，發現有一位主管每個月都會仔細檢查預算和開銷。她核對每個項目，看看是否都有收據。這就是一種儀式性的行為。然而，在這個例子中，所謂的儀式卻毫無價值且不具任何意義。在很多情況下，收費不完全是合理的。這樣的慣例給了她和院方一個錯誤的安全感，使他們以為儘管醫院急速擴充和漸趨複雜，他們依然有義務看緊醫院的財政收支（Fetterman, 1986e）。

　　民族誌學者把象徵和儀式視為一種文化速記的方

式。象徵有助於初步的了解和重要文化知識的具體化。藉由提供行為分類的架構，這兩者也使民族誌學家的觀察更具意義（Dolgin, Kemnitzer & Schneider, 1977）。

微觀和巨觀研究

這些觀念在民族誌工作的應用上並不是沒有用的。民族誌學家是根據研究範圍來擬定方針，而這些界限是從研究本身發展而來，此外，一些基本參數在研究初期便可以建立起來。

民族誌學家的理論傾向和問題的選擇將決定研究採取微觀或是巨觀的方式。微觀研究是用貼近的角度，就像用顯微鏡一樣，觀察一個小型的社會單位或社會單位內可辨識的活動。基本上，種族方法學家或符號互動論學家會進行微觀分析。舉例來說，Erickson（1976）的警衛研究就牽涉到重看訪談的錄影帶記錄來對顧問給客戶的潛在訊息進行研究。

人類學裡的人際距離學（proxemics）和動作學（kinesics）也涉及微觀研究。人際距離學是研究社會裡人與人之間的身體距離會因為社會環境的不同而改變。好比說，有一個離你三吋不到的陌生人對你大聲的出言不遜，這樣的行為已明顯的侵犯到美國式的適當距離，除非這樣的事件發生在曲棍球比賽中或重金屬搖滾演唱

會上（Hall, 1974）。動作學則是研究肢體語言。一個機車騎士對把他擠到路旁的汽車駕駛人「比中指」是傳達一種清楚的社會訊息，以及參與一種文化溝通，或者是更特別的肢體語言（Birdwhistell, 1970）。

在 CIP 研究中，我作了一份教室行為的微觀分析。我作了一系列老師和學生短暫相遇的圖片。每十分鐘，我就在三十秒之內拍十張照片。在許多生動的文化景象之中，有一幅是老師要求學生完成前一天晚上的任務，而其他學生則繼續埋首於他們的計畫。這個學生不想工作，也不想去見老師，老師知道學生沒有把工作做完，也知道這個月的其他工作也沒有完成。照片記載學生不情願的打著精神和老師窮耗。在一陣長噓短嘆之後，這個學生終於從他的位子上站起來走到老師的辦公桌那邊。而這位疲倦並對學生感到極度不耐煩的老師臉上的表情卻由無奈變為充滿熱忱。從照片上可看出兩者的談話變成一陣短暫的口舌之爭，然後再平息下來，結局是他們各自回到自己的角落，直到下一回合。這幅特別的景象隨即在一分鐘之內收場。文獻記載的微觀層級本身即可構成研究，或者，在這個例子中，對研究的某一部分加以特寫。

Shultz 和 Florio（1979）為整個教室的研究提供了一個很好的例子。他們記載了老師如何規劃教室活動，並且在兩年之內蒐集了七十小時的教室活動錄影帶，而研究的第二年也加入了教室觀察，以作為替錄影帶的詮釋提供資訊。在 Wolcott（1973）的〈校長辦公室裡的人〉

（The Man in the Principal's Office）一文中，則將重心放在學校系統內的單一工作（沒有用到錄影帶），並且呈現了相當不錯的微觀民族誌學研究（Wolcott, 1982, p.90; Basham & DeGroot, 1977, p.428）。

巨觀研究則把焦點擺在大圖像上。在人類學裡，所謂的大圖像可以從單一學校到整個世界系統。典型的民族誌會把焦點放在一個社區或特定的社會文化系統。Spindler 及其系列——文化人類學的個案研究——提供了當代民族誌研究的一些最佳典範。其中包括了Yanomamo（Chagnon, 1977）、Dinka（Deng, 1972）、 Amish（Hostetler & Huntington, 1971）、 Hutterites（Hostetler & Huntington, 1967）、Tiwi（Australian aborigines）（Hart & Pilling, 1960）、Navajo（Downs, 1972）、 Blackfeet（McFee, 1972）、Krsna（Daner, 1976），甚至是退休團體（Jacobs, 1974）。在此系列中，一些最好的教育民族誌還包括了印地安人小孩學校的研究（King, 1967）和一所小學的研究（Rosenfeld, 1971）。每個研究都試圖描述整個文化團體，包括生活方式、社會和文化系統。很明顯的，不論研究者採用微觀或巨觀方式，都可將研究發現和下一個更大的影響系統連接在一起（見：Ogbu〔1978〕於多層民族誌的成功典範）。然而，要連結一個鉅細靡遺的微觀研究和一個美洲陣線的廣泛研究是很困難的。事實上，要普及所有的巨觀研究不是一件容易的事。民族誌的課業，不管是巨觀或是微觀，都涉及詳細的描述。決定採用巨觀或是微觀的研究方式其實是民族誌學家天

份或特質的一部分。有些民族誌學家擅長事件細微的逐步分析，有些則對大範圍可見的相互關係有興趣，同時它潛在的普及性也較大。微觀研究所花的時間和巨觀研究是一樣的；然而，在巨觀研究者研究十個社交場合裡的二十個不同的人的同時，微觀民族誌研究者花相同的時間，卻只要鎖定社會事件的一個面象。採用巨觀或是微觀的研究層級端賴研究者想要知道什麼、研究的理論是什麼，以及研究者如何定義他的研究問題。

操作主義

　　田野工作上更值得注意的觀念是操作主義。一旦討論操作主義，就會發現在民族誌內，操作主義不僅是一種趨勢，而且有其存在的必要性。操作主義（operationalism）簡單的說，就是指定義測量的方法和詞彙。在簡單的描述性說明中，好比說「一些人這樣說，又有一些人那樣說」並沒有多大的問題。然而，要在事實和理論之間建立顯著的關係，或是詮釋「事實」，就需要更明確。舉例來說，「太多學生擠在同一班，容易助長敵意」的說法也許是相當精確的觀察，但問題是：是什麼構成敵意？增加的敵意如何測量？一個班要有多少學生才叫太多？比較簡單的說法，譬如一個句子用「他們之中有些人相信」當開場白似乎顯得太平庸。而且更

明確的說法——引述明確的來源及他們信仰的天性來表達並不困難，此外還能傳達更多的資訊和更大的可信度及有效性。操作主義考驗我們、促使我們對自己誠實。田野工作者並不是要把結論作得令人印象深刻，而是應該盡量定量或是確認民族誌看法的來源。明確告知如何由一項導致其結論能使其他研究者有更具體的方向得以接手，或是有得以證明或反證的事物。試圖將一切事物操作化是不可能的，這樣根本沒有辦法進行民族誌的工作。但如果能增進記錄和報告的準確度則會大有收穫。

民族誌有許多觀念都可以幫助我們解釋民族誌，以及給予民族誌學家研究時正確的方向。這個章節討論了一些專業上最重要的觀念，我們從文化、全部的方針以及脈絡化等世界性的大觀念開始著手，然後逐漸轉移到比較狹隘的觀念，像是文化間和文化內的多樣性、結構和功能、象徵和儀式以及操作主義。下一個章節要專門為這些觀念的民族誌方法和技術作細部探討，同時使研究者實踐民族誌。

註釋

---

[1] 人類學家通常專注於這種文化的層次，和社會學家相對照的是，社會學家通常專注於社會。在做田野調查時，人類學家

和社會學家都需要所研究團體的詳細資料，來引出他們的發現和洞察。然而，透過他們的眼睛見到的資料卻是不同的。民族誌學家由於人類學的傳統，因此依賴文化概念來引導研究方向。要注意的是，今天很多的社會學家有文化的關注，很多的人類學家也專注於社會的問題。各種訓練下的研究傳統造成研究者各個不同的行爲和想法。再者，文化概念不管爲社會學家或是人類學家所利用的都是很有用的，但不知是好是壞，民族誌學家還是會帶一部分的文化包袱到田野調查之中。

² 使用誘導的方式，民族誌學家描述文化每一部分的功能來更加了解整個文化是如何運作的。結構和功能的概念是有用的啓發式工具，用來了解並推敲文化的基本元素。

3

荒野指引：方法和技巧

對一個在自然歷史中未受訓練的人來說，當
他在鄉野或是海邊漫步時，就像是走過充滿美妙
藝術作品的畫廊，但是十分之九的作品都面向著
牆。

—Thomas Huxley

民族誌學家是一種人類的工具。將一個研究的問
題，一個社會互動或行為的理論，和各種概念上的指導
方針掛記在心上，民族誌學家跨進文化或社會的處境去
探險這樣的地帶，並蒐集和分析資料。依靠所有的感覺、
想法和情緒，而這人類的工具是最敏感且知性的資料蒐
集工具。當然這工具蒐集的資料可能是主觀或誤解的。
田野調查也許會失去方向而迷失在不熟悉的行為及情況

之中。民族誌學方法和技巧幫助指引民族誌學家通過個人觀察的荒野，正確地確定並分類一個社會處境中，或各式各樣令人迷惑的事件和行動。民族誌學家要走過社會及文化的荒野將始於田野調查。

田野調查

　　田野調查，是社會學家及人類學家的研究工作之特色。這方法對於這兩種研究者在自然的背景環境之下是同等必要的，且長時間和人們一起工作。民族誌學家在原來的環境中引導研究，在所有真實世界的誘因和壓迫下，觀察人們與他們的行為。這種最自然接近以防止人為的反應，典型上就好像是實驗室裡控制之下的情況。理解這個世界，或是這世界的一小部分需要去研究所有關於它的美妙和複雜性。這項艱鉅的工作在很多方面來說都是比實驗室研究來得困難許多，但是也是更加的有益處。

　　田野調查者使用各種方法和技巧來確定資料的完整性。這些方法和技巧對研究者的認知造成主觀化和標準化。當然民族誌學家必須將以下討論的方法和技巧適用於當地的環境。資料來源的壓力和截止日期或許會限制資料蒐集的時間探勘、交叉檢查（cross-checking）和記錄資料。

選擇和取樣

研究的問題使如何選擇研究的地方，一群人，或是一個方案具體化。舉例來說，找尋教育機制（就像是老師的前途）和學校成功或失敗之間關係的相關資料，如果和教育委員會會議相比較的話，是較可能從教室裡得知，雖然前者的背景也是相關的。研究問題的理想調查位置，不是總是那麼容易接近的。在這樣的情況下，研究者一開始就要接受並記錄研究的限制。將調查的焦點轉變至可以和研究的位置相契合，是很理想的狀況。如果契合或者是問題本身都是不可信的，那研究者可能就要放棄原先的研究，並發展新的研究問題。在契約之下的研究，契約修正是必要的。這樣的過程或許會危害到研究基金的獲得，但在一些情況下，這是最理性的方法了。

下一步就是要決定如何在目標族群中取樣。有兩個方法來決定。第一，選擇什麼樣的人和事情是不納入研究的。這種排除的過程就像是一流大學和學院的入學許可程序。我們不是要決定我們應該要接受誰，而是要決定我們一定要拒絕誰——允許所有合乎資格的人。一些不易處理的資料提供者和有用的資料都顯現出有研究的價值。研究者必須要過濾掉對研究工作沒有幫助的資料來源。第二，選擇要研究什麼樣的人和事情——也就是說，這個來源要對已知族群生活的了解是最有幫助的。

大多數的民族誌學家使用對參與觀察（participant observation）有益處的大型網路方式（the big net approach）——在最初的時候，盡他們之力地與每個人交往混熟。在研究進行的過程中，焦點縮小至這被研究族群的專一部分。大型網路方式在特定互動的細微研究開始之前，能確定一個事件的廣角視野。這寬宏的局面能琢磨民族誌學家的焦點並幫助田野調查者理解細微的細節，讓他們能用影片與筆記的方式記錄下來做更深入的分析。

　　民族誌學家通常使用非正式的計謀來開始田野調查，像是看準任何可以踏進別人家門的機會。最常用的方法是判斷取樣（judgmental sampling）；也就是說，以研究問題為基礎，民族誌學家依靠他們的判斷來選擇這次文化群或單位中最適合的成員。這樣的方法是自然而不做作的，需要民族誌學家針對人們的生活問些簡單直接的問題。自然的機會，便利和運氣在這樣的過程中也扮演了重要的角色，如果民族誌學家夠機智而懂得利用它們的話。有些有經驗的民族誌學家用一種認真精確的隨機變化策略來開始田野工作——特別是當他們已經對這個要研究的文化或單位有相當程度的了解時。

　　使用高度隨機建構成的設計，而沒有先對要研究的人們有基本的了解，可能會造成研究者以未成熟的態度縮小焦點，因此縮減了某些人和主題可能對這個研究是適合的假定。這方向錯誤的研究可能得到很高的可靠性，但有效性卻極低，而破壞了整個研究。首先民族誌

學家要對已知的研究工作問適切的問題。學會問適切問題的方法是——在文學上的研究和提案構想之外的——走進人群觀察人們每天在做什麼。Goetz 和 LeCompte（1984, pp.63-84）提供了對於民族誌學研究有效取樣和選擇的討論，專注於以標準規範為基礎的（criterion-based）與機率的取樣。

入門守則

一個成員的介紹推薦是民族誌學家進入一個團體的最佳敲門磚。冷淡的走入一個團體，在民族誌學的研究上會得到令人寒心的效果（Walking into a community cold can have a chilling effect on ethnographic research）。一個中間人或媒介者可以打開一扇門或把外人鎖在外面。這引發者（facilitator）可能是主管、首長、指導者、老師、流浪漢或幫派份子，他們應該都有對這個團體的信用度——是其中之一的成員或是公認的朋友或是一個關係人。這個中間人與團體的關係越密切越好。在剛剛開始研究工作的時候，團體對中間人的信任會接近並延伸至民族誌學家身上。如果他們被適當的人所介紹的話，民族誌學家就會受益於光環效應（a halo effect）：團體成員將會讓研究者得到一些懷疑看不到的利益。當民族誌學家顯示出他值得團體的信任時，民族誌學家就比較

有可能把工作做好。有力的推薦與介紹加強了田野工作者在團體中的工作能力，因此也提高了資料的品質。

　　不幸的是，田野調查者總是沒有辦法找到最適合的人來替他做介紹，而必須接受任何身邊可以利用的資源。在這種情形下，研究者必須要考慮在沒有援助的情況下如何進入一個團體——就這樣走進一家鄰近的商店、參加教堂的集會、到學校當義工，或是在社區中扮演其他沒有威脅性的角色。很多例子顯示，如果沒有某些程度上的保護，想抄捷徑是完全不可能的。現在，田野調查者必須接受「惡魔的交易」（devil's bargain）——貧乏的介紹，和所有可能的限制，就是唯一接近這團體的方法。這樣的外在環境迫使民族誌學家在洞（to begin in the hole）裡開始工作，使他們矯枉過正的認為他們是值得這團體信任和尊重的。這樣的狀態讓民族誌學家在內心和中間人有些淪於客套的距離，然後行事正直並對第一次接觸而欠下的人情表示感激。

　　選擇主要而有影響力的團體成員是很有用的，但是要建立田野工作的獨立性也是很重要的，才能夠防止過早與其他相關的聯繫線切斷的情形。舉例來說，在一個圖書館的研究中，與有權力的經紀人（broker）有密切的關係是對接近這個組織是很有益處的，但對資料蒐集方面來說，也是近乎致命的因素。我與經紀人的關係製造了一個跡象顯示，我是一個間諜或是另一個與他們不同邊而有權力的經紀人。在嘗試去了解圖書館中部屬和單位如何運作的過程中，我發現自己是一個不受歡迎的

人。我要付出更大的努力證明我是公平或至少是不做評斷的目擊者，並要去除我靠關係而來的罪惡感。

在團體裡，特定的方法和技巧將帶領民族誌學家進行資料的蒐集和分析。接下來的章節將會依序討論這些技巧。

參與觀察

參與觀察是大多數民族誌學研究的特徵，但對實際的田野調查工作來說是很困難的。參與觀察不但要參與被研究人群的生活，還要保持專業的距離，以便適當的觀察和記錄資料。Powdermaker 的《陌生人與朋友》（Stranger and Friend, 1966）生動地敘述了這角色的微妙關係。

參與觀察是進入一種文化的洗禮。觀念上來說，民族誌學家在團體裡生活和工作六個月到一年，或者更久，隨著時間學習語言並觀察他們的行為模式。久居於此的居民幫助研究者將被研究者的基本信念、恐懼、希望和期待融為己有。簡單的、慣例式的行為，像是到市場去或是到井邊取水顯示了人們如何使用他們的時間和空間，他們如何決定什麼是珍貴的、令人恐懼的和什麼是褻瀆的。

這樣的過程可能看起來是沒有系統的，剛開始的時

候，這好像是有點不能控制的或是只是能偶爾發生的情況。在田野調查工作的初期，民族誌學家在專注於工作的過程中找到經驗和事件。參與觀察為更為高明的技巧做好準備——包括反映主觀的技巧和問卷調查——在田野調查者越來越了解這文化時，參與觀察本身就變成更為精鍊的技巧。概念和行為對進入團體只是不清楚的象徵，卻可表現出一種更清晰的焦點。藉由提供重要性的基準，和一個方式再進入田野發掘這些意料之外結果的背景，參與觀察可以幫助我們釐清運用較為精緻方式的結果。

當我住在以色列的時候，我觀察到很多不斷發生甚至無止境重複的行為模式。乘客們把公車上出現的炸彈視為理所當然；士兵和他們隨身的烏茲衝鋒槍便成木工的一部分。集體農場中種植與收成的循環週期是用血汗、緊繃的肌肉和疼痛的關節所註記的——當然也是有季節性的假期和慶典。

每天都有固定一天的模式。在我這一群的集體農場成員中，還有一些學生和自願者在早上四點鐘醒來，走到餐廳吃一點東西，然後大概四點半或五點就在農場裡開始工作。每天早上（除了星期六的安息日），我們把自己包在農場的陸軍夾克裡以避開清晨的寒氣，走到農場去。工作大概半小時後，就把夾克脫掉，此時太陽開始溫熱新鮮的清晨空氣。我們都為八點或九點可以吃到的早餐建立良好的胃口，但是早餐時間稍縱即逝，總是還沒休息夠就要回去工作。摘桃子的時候，熱氣和令人

發癢的桃子絨毛要把我們逼瘋了。午餐和淋浴真是得來的福氣。午餐後的休息時間可以閱讀、社交或探視在托兒所中的小孩，是一天中可以品味的喜悅。幸運的話，其他的艱難工作可以解除早晨工作的無聊——甚至這分散當作娛樂的工作還是要花費相當的體力勞動。當晚餐時間終於來臨，我們成群結隊的走回餐廳吃著一成不變的晚餐：星期天吃魚，星期五吃雞，有時吃雞和魚的混合。在集體農場，甚至養育小孩都是一種週期活動。懷孕的母親都是一起長大一起工作並幾乎同時有小孩，接著就在育兒中心附近聚集，一起推著娃娃車。

在 Jerusalem 的舊城市裡，上演著另一種慣例儀式：靠近哭牆，就在阿拉伯人的商店附近。Hasdic 猶太人（Labuvitch rebbes），蓄著長髮（payahs），戴著寬的黑毛帽（fadorah），穿著黑色外套並崇拜著哭牆。他們邀請我和他們一起生活與做研究，並分享他們的內心祕密以及生活方式。同樣的，阿拉伯商人待我如友，當我住在 Jersalem 時，他們經常在一天忙碌的商業交易之中，拉下店門與我一同泡茶，並帶來所有他們的銀器，特別的玻璃杯充滿著茶葉而還有兩吋長未溶解的糖，還有正式的毛毯。我永遠不會忘記這種他們樂於其中的永恆感。

所有的模式都是可以被認出來的，即使經過了時間的洗禮；觀察到的細節只可能是在這些團體中生活和工作才能知道的。我必須在集體農場中整地，種下種子，灌溉土壤，然後探收果實；和 Hasidim 一起研究；每天

和阿拉伯商人討價還價去了解並記錄這種不同的生活方式。長時間日復一日的和人們一起工作，就是民族誌研究的正當性和生命力的來源。

只要有時間，人們會忘記他們同伴的行為模式並掉入熟悉的行為模式。與研究外國文化比起來，在自己文化中的民族誌研究可能不需要那麼多時間到達那個程度：語言和習俗是熟悉的，很多方面來講，研究者本身也是個知內情的人。然而，一個熟悉的背景有時會太過熟悉，研究者會將事件的發生視為理所當然，而忽略或未記錄重要的資料。

在實際的狀況（in applied settings）中，參與觀察通常是不連續的，並擴散至延伸的時間中。舉例來說，在兩個民族誌的研究中，研究輟學生和資優兒童，我在三年的時間裡，每幾個月花幾星期的時間去做這個計畫。這樣的訪問是集中徹底的，包括教室裡的觀察、非正式的訪談，有時候代替教學和團體中的成員互動，以及使用各種研究技巧，包括長途電話、和學生家庭一起晚餐，還有和蹺課的學生一起在走廊或停車場中閒晃。

參與觀察需要長時間密切的和被研究者接觸。在上面的案例中，時間大概是要超過三年。通常訂契約的研究基金或是時間表都不允許長時間的研究——連續的或是不連續的。在這樣的情況下，研究者可以應用民族誌的技巧來研究，但並不能引導民族誌的產生。同樣的，只是觀察而沒有參與研究對象的生活可能牽涉了民族誌方法，但是這不能稱作民族誌。不參與的觀察可能會把

觀看一場學校的籃球賽當作是資料蒐集的一部分。運用民族誌的技巧和不參與的觀察是可接受的研究方法，但重要的是正確的標示出研究方法。

這樣的過程看起來可能是複雜的，但是一個好的民族誌學家會依據基本原則來開始工作。參與觀察從最簡單的問題開始——甚至就像是洗手間在哪裡？這樣的問題。找洗手間或是加熱器的火油可以幫助研究者了解一個團體的地理環境和資源。當研究者學到了該問什麼問題和如何去問，緩慢但是確定地，這樣的問題會變得更精確。

在任何情況下，獲得民族誌知識和理解是一個循環的過程。開始於整個團體的整體觀，然後接近細節的微觀焦點，再成功的得到更寬廣的整體觀念——但是這一次會有對微小細節新的洞察。焦點的縮小和深廣不斷的重複，田野調查工作者尋找到了觀察的深度和廣度。只有把深度往下鑽並略過表面，民族誌學家才能逼真而詳細的描寫這文化的景象，並且富含對他人足夠的理解和欣賞。

訪談

訪談是民族誌學家最重要的資料蒐集技巧。訪談可以解釋並把民族誌學家觀察到的和體驗到的東西，放進

一個更大的框架之中。這就需要言詞上的互動，和以語言當作會話的必需品。文字和表達在不同的文化中有不一樣的價值。人們交換這種言詞必需品來相互溝通。民族誌學家很快的學會去品味資料提供者的每一個字，不管是用來表示文化或次文化的言外之意，或是直接表現出的意義。一般的訪談形式包括建構、半建構的，非正式的和追憶的訪談。雖然在實際應用上這些形式會重疊和混合，但是這個章節會刻意的分離出訪談形式、策略和問題，分別適用於哪些表達或討論的目的。各種訪談的方法都是扮演一種懇求資料提供者的角色。無論如何，民族誌學家都應該在實際運用這些方法之前，弄清楚在資料蒐集和分析上，各種訪談形式的好處和壞處（其他的方法來分類訪談方式，可參見 Denzin〔1978〕；Goetz & LeCompte〔1984〕；Patton〔1980〕。其他訪談技巧的討論，參見 Bogdan & Biklen〔1982〕；Hammersley & Atkinson〔1983〕；Talor & Bogdan〔1984〕；Werner & Schoepfle〔1987a〕）。

正式建構和半建構的訪談是一種言詞上將清楚的研究目標表現出來的問卷調查。這樣的訪談通常適合於比較與描寫的目的——比較反應並把反應放到一般團體信仰和主題的背景之中。田野調查者可以在研究的任何時候使用建構的訪談。例如，有關學校老師的教育背景問題，在比較老師們的資格和經驗是很有用的基準資料。問這些問題也可以是不具威脅性的破冰鑰匙。在研究的最初階段，建構的訪談易於塑造出一些反應，符合研究

者對這個團體運作方式的概念。因此這些訪談在研究的中期和末期是最有用的，可以用來蒐集有關特定問題或假設的資料。當田野調查者理解了知曉內情者的對團體基本原則的看法時，建構或是半建構的訪談是很有價值的。針對這一點來說，問題是比較傾向於符合本地者對真實的認知，而多於研究者本身的想法。

非正式的訪談是民族誌工作中最常見的方法。這看起來很像是平常的對話，建構的訪談有敘述清楚的討論項目，但是非正式的訪談有特定但是隱含的研究討論項目。研究者使用非正式的方法發掘文化中重要性的種類。非正式的訪談對於民族誌工作中，發掘人們在想什麼和比較兩個不同人的想法是很有用的。這樣的比較幫助確定一個團體中的共同價值觀——價值觀會影響行為。非正式的訪談對於建立和維持健康的密切關係也是很有用的。

非正式的訪談看起來最容易引導。這不需要牽涉到任何特定形式或順序的問題，也可以順著對話推進，跟參與者或發問者的興趣而定。然而，這樣的訪談對於引導正確性和效率性方面來看，卻並不適合。倫理學和控制的問題每每從非正式的訪談中浮現。田野調查者試著以一種相對有系統的方式去學習另一個人的生活方式時，應如何建立並維持一個自然的情況呢？一個完全成熟可以被發掘的開放形式，該如何與一個被設計出要發現特定問題與關係而隱含的架構平衡呢？最後，什麼時候是伺機追問的好機會而什麼時候不該再深入打聽？盡

力去做，非正式的訪談就像是自然的對話，但是得到的答案通常是田野調查者沒有問出的問題。

　　非正式的訪談應讓使用者都容易了解。換句話說，在短時間內，參與者都能明瞭這種形式。非正式的訪談和一般的對話是不同的，但通常是合併在一起，而形成了對話與隱含問題的混合形式。在一些例子中，這是善於發現意外收穫的才能（serendipitous），並源於參與者的建議。在大多數情況下，民族誌學家有一連串要問參與者的問題，而在對話中找尋最適合的時機詢問他們（如果可能的話）。

　　非正式的訪談提供了資料蒐集和分析最自然的情況和版本。不幸的是，總有某些程度的錯誤會出現。不論這訪談者多有技巧，有些問題還是會造成不自然的情形。一個有經驗的民族誌學家會知道如何將沒有威脅性的問題深藏在起始的對話之中，然後在介入敏感話題之前，提出比較私人性和可能具威脅性的問題來建立健康的密切關係。對時間控制和參與者的音調的敏感度在訪談中是很重要的——非正式或是其他形式的都是如此。如果在訪談幫派份子的過程中，他接到同僚警告他團體中有身分不清的密告者的電話時，就可能會失去詢問他幫派中非法活動的機會。但是這也是問他線民和這種團體生活壓力問題的最佳時機。民族誌學家必須學會去留意一個人聲調的改變，因為這些改變是態度和情感的重要線索。一個老婦人在她述及她配偶的死亡時，從輕柔感性的演說轉變成驚嚇顫抖的呢喃，此時發問者應該留

意這個線索並輕巧的進行下去。她可能是想要把討論這個話題當成是洗滌心靈的機會，或是感受到揭穿內心祕密的壓力。這樣的情況真的是很不容易的。然而，一個敏感有經驗的民族誌學家將可以分辨這兩種情況並作適當的反應。研究者在這些情況下可能會犯錯（見：Fetterman〔1983〕。和本冊的第 7 章有對民族誌學家在田野調查中面對的倫理冒險問題）。

利用一個脆弱的個體和得到無價資料的機會可能會很吸引人。事實上，這可能是一個罕見的機會去發掘一個人最內心的祕密。無論如何，除了明顯的倫理上的考量，利用一個人的代價太高了，民族誌學家必須等待另一個機會或是再去創造一個機會。在一個定點花費很長的時間的好處是，更合適的機會通常還會再出現。但過分的敏感會使民族誌學家痲痺，從而在蒐集和分析資料的過程上設下了不必要的障礙。

大多數重要而不具威脅性的問題可以引出田野調查者尋求的資料，並在平常的對話中創造出可以自然發問的黃金時段。適當的計畫和執行要問的問題，並維持一個可變動的版本，就是好的民族誌之要素，以確定資料的品質和維持參與者的隱私權。

追憶的訪談可以是建構、半建構或是非正式的。民族誌學家靠追憶的訪談來重建過去，請資料提供者回憶個人的歷史資料。這類的訪談並不能得到最正確的資料。人們總是會遺忘或是過濾過去發生的事件。在一些例子中，追憶的訪談是蒐集過去資料的唯一方法。這種

情況下民族誌學家已有對歷史事件的正確理解，而追憶的訪談提供對被訪談者有用的資料。這樣的態度使被訪談者在他們的價值觀中重塑過去的好時光，並顯現出他們的價值觀的型態與結構。

民族誌學家用訪談來分類並組織一個人對真實的認知。所有的訪談都是共用一些基本形式的問題。最常見的形式就是全面性或是歐洲大陸周遊旅行的形式，細節或專一型，和開放或封閉式的問題。全面性的問題協助認定要探勘的重大主題。細節和專一型的問題是用來挖掘這些主題中更詳細的內容。這方式決定了人們觀察世界的方法中，相似與相異的地方。開放式與封閉式的問題可以讓民族誌學家發現並確定參與者的經驗和認知。

全面性或歐洲大陸周遊旅行形式問題

全面性的問題——或是 Spradley & McCurdy（1972）稱作歐洲大陸周遊旅行形式的問題——是設計用來引出參與者或是本地人世界的廣闊景象，去設定這個文化的邊界。全面性的問題協助界定研究的邊界，並將資源做好明智的計畫。參與者對物理背景的概觀、活動的景象以及想法有助於對焦與指正研究方向。

在一個對大學的研究中，最典型的全面性問題可以是：你可不可以帶我到校園裡走一圈？要回應這個問題，這個個體會指出不同的學術和企業的部門、醫院、教堂或猶太集會堂、學生中心、圖書館、兄弟會等等。

全面性問題的品質決定了它的實用性。全面性問題的範圍越窄，反應也會越小，然後影響到對這文化的概觀。同時，研究的範圍決定了全面性問題界定的範圍是否有用。舉例來說，如果研究涵蓋了整個大學，那麼上述這個歐洲大陸周遊旅行形式的問題是一個很好的全面性問題。如果研究包含了整個美國文化，這樣便是請一個人對民族誌學家表示出荒謬的界限；在有限制的背景之下，這方法很有可能會誤導方向。

在我對大學圖書館的研究中，我請人帶我四處走走。我在熟悉的環境裡遊覽一遍：參考書的櫃子、電子的與不能拷貝的分類檔案、特別的藏書，和各種大學部與研究所的藏書。我也看到了背後的場景：行政辦公室、未分類書的地下室房間、分類書的房間、充滿電腦軟硬體的地方，還有其他不熟悉的處所。這些資料幫我重新定義我研究的範疇。同時也提供了一個背景讓我構想我的研究。這個歐洲大陸周遊旅行形式的問題使我了解書本和人如何在圖書館的系統中流動。圖書館的一部分就像是生產線一樣的運行著；其他部分就像是跟隨著中世紀的學者和照明者的模式。當我看到一點我所不知道的東西時，我就慢慢的縮小我的問題範圍。就像是說，我不了解圖書館員一天的作息——所以我就問啦。

全面性問題帶出的資料使我架構這地方的基本地圖，發展它的運作模式，並分離初步的主題，且讓我可以有效率和有效用的使用時間。這樣的資料也刺激出一大堆專一、詳細型的問題，在全面性問題之後，導出詳

細內容的問題一直到我建構出令人滿意的概念架構。

　　民族誌研究需要田野調查者在全面性問題和專一型問題中來回。過早對一個人的活動或是世界觀對焦，可能會在研究完成一半以前就耗盡民族誌學家的資源。在整個研究中，田野調查者應該要在問題之間保持一種微妙的平衡。一般來說，全面性問題在研究的早期應被重視，而專一的問題要放在中間或最後的階段。

專一型的問題

　　當全面性的問題對田野調查者和當地人都顯示了某種分類的重要性時，對於這種分類的專一型問題就變得很有用了。全面性問題和專一或詳細型問題的不同點大部分是由與背景的不同。對這樣的問題，圖書館員在做什麼？在圖書館的研究中算是個歐洲大陸周遊旅行形式的問題，但是對整個大學的研究來說，就是個專一型的問題了。

　　在我的圖書館研究中，專一型的問題是專注於各部門間的不同點，與各部門中不同類型的圖書館員——舉例來說，在公共部門的管理者和科技部門的原始目錄編輯者。更精確專一的問題關注到同一部門和處所中兩個成員的差異性，就像是目錄部門中原始目錄編輯者和拷貝目錄編輯者的不同。

　　專一型的問題深入探索一個已建立的意義或活動的分類。當全面性問題塑造並提供了一個完全的理解時，

專一型的問題便琢磨並推廣這樣的理解。構造和屬性的問題——專一型問題的次分類——通常是這層次詢問的最適合方式。構造和屬性的問題對民族誌學家來說，在組織以本地人觀點為主的理解方面，是很有用的。舉例來說，一連串在圖書館研究中之構造的問題包括以下所述：圖書館主要的部分是哪一個？這些地方是如何組織起來的？在圖書館中有哪些部門存在？對這些問題的回應提供了內部的人，對圖書館在構造方面的認知。我得知了三個主要部門：公共部門、科技部門和行政部門。更深入的探查，我得到了在這些部門之下各單位的詳細描述。隨著另一個構造上的問題，我問：在各個不同的部門中，是哪一類的圖書館員在工作？參與者解釋說，目錄編輯者和維護者在同一部門的不同單位，而管理員在另一個完全不同的部門。為了得到概括的了解，我比較不同個體間的認知，以確定由權力、地位和角色的不同而造成相異或相同的判斷觀點。我也打電話並訪問其他的學術圖書館來得知這樣的構造模式是否是整個國家中研究的典型（電話和問卷是很有效的工具，可以決定某個模式是否是在整個組織中具有代表性）。構造的問題提供了這種存在橫跨概念範圍的相似性——在本地人的頭腦中（見：Spradley & McCurdt〔1972〕，有其他資料有關分類定義的建構）。

　　屬性的問題——有關一個角色或是一個構造元素特性的問題——在概念的分類上搜尋它們的不同點。一般來講，訪談會將結構和屬性的問題並列在一起。結構的

問題引出來的資料，可能帶出各種新確認類別之間差異的問題。例如，在知道了一個學術圖書館各種不同的部門和單位的構成，我可以用屬性的問題邏輯的詢問它們之間的差異：在科技部門和公共部門服務的圖書館員有什麼不同？除了知道這兩種職位功能上的不同之外，我還察覺到在圖書館內部工作的目錄編輯者之間地位上的差異——不被校園中其他的人注意到，好像在剝削勞力的工廠中的情形——而管理員，卻和學生、教職員一起在豪華，有空調，有地毯的寬敞舒適的空間和光線中工作。要發現更多有關各部門和單位的事情，我深入這樣的回應並問了一個結構上的問題：在科技部門中有哪些單位？圖書館員熱心地教我在那部門中的各個單位，包括取得（acquisitions）、分類、序列、連結和結束，以及保存。屬性的問題對於我在釐清圖書館的組織上是很有用的：取得和分類的單位有何不同？[1]對這問題的回應給我一個更清楚的概念，知道了這個系統中，書本在生產線上的動向（見：Spradley ＆ McCurdy〔1972〕有成分分析的討論）。

結構和屬性的問題是從認知理論（象徵的互動主義）中衍生出來的，關於這世界是如何運作（Blumer, 1969）。明顯的，這些問題在幾乎所有的理論方法中都是很有價值的，因為它們幫助田野調查者組織其他人定義對事實的認知。

開放式與封閉式的問題

　　民族誌學家使用開放式和封閉式的問題來繼續田野調查工作。一個開放式的問題讓參與者親自解析它。舉例來說，在一個急診室的研究中，我訪問一個一般的急診室護士：你喜歡和直昇機護士一起工作嗎？這樣的問題引出了一段長而詳細的解釋，她說她覺得直昇機護士都在逃避工作，這真的是不公平的，在忙碌的時候，她們都沒有準備加入。她說她可以舉出一個星期之中，有五到六項工作是一般急診室護士和直昇機護士要一起做的，但是這些工作都是很表面的。

　　這個回應替我的研究開啓了一道新的門。我進一步的深入直昇機護士的問題。直昇機護士指出她們大部分的時間在等待呼叫，以便能快速地進入直昇機中。她們解釋說，忙碌的時候，她們不能專注於一般急診室的工作是因爲她們隨時可能會被呼叫，而這時放下手邊的任務是對一般急診室護士和病患都是不公平的。因此開放式的問題有助於闡釋有同一急診室經驗的這兩種護士所持互相衝突的觀點——這是封閉式的問題，例如，你們每星期有多少機會和直昇機護士接觸？可能是無法引導出的。

　　封閉式的問題在嘗試去定量行爲模式時是很有用的。例如，問這兩種護士每星期有多少機會一起工作，會是個有效的試驗來分辨對真實的認知，和證明這個特別行爲模式頻率的方法。不同的回應也會是有效的暗

示，來深入探知互動的品質。

　　民族誌學家一般都會在研究的開發階段時問比較多的開放式問題，而在確定階段時問較多封閉式的問題。最要避免的問題是，單獨而模糊的問題。問一般護士她們是不是經常和直昇機護士一起工作——而沒有指出經常——對研究者和參與者來說都是無效的。

訪談的禮節與策略

　　禮節存在於所有的訪談之中——訪談者與參與者的個性與情緒、正式與非正式的環境、研究的階段和各式各樣的情況，所綜合造成的成果。

　　每個禮節共通的第一個要素是民族誌學者要尊重所研究族群的文化。在訪談中和其他的互動（關係）中，民族誌學者對族群文化的規範要敏銳。對文化規範的敏銳會在穿著、語言和行爲中而顯露。穿著由設計師設計的昂貴衣服訪談被褫奪公權、窮困的中學學生是不敏銳且不恰當的，如同穿著剪破洞的牛仔褲和 T 恤訪談行政主管一樣。雖然一般人會寬恕這些事情，但怠慢無禮或失禮將會發生。然而，經常的忽視和缺乏關注族群的根本文化價值將會嚴重的妨礙研究的進展。

　　第二、在所有的訪談中，拱形的導引是考慮到他人。一個個體犧牲他自己的時間來回答問題，就是幫田野調查員的忙。因此訪談不是質問個體或是批評文化習慣的藉口。這是從受訪者身上學習的機會。進一步來說，個

體的時間是珍貴的：企業經理和學校的管理員都有工作要做，無論正式或非正式，民族誌學家應該依他們的工作義務和時間表來計畫最初的訪談。之後，田野調查員才會變成為完整研究工作的一部分。然而，就這點來說，對時間控制產生的細微差異的敏銳度是必要的。留心的民族誌學家會對被訪者的信號有所反應。重覆的對手錶瞥視代表時間已經到了。呆滯的眼睛、迷惑的神情或是不耐的皺眉頭是受訪者讓詢問者知道某些事情不對的方式：個體已經厭煩、失落或被羞辱。常見的錯誤包括花太多時間談話而沒有足夠時間傾聽，不能使問題明瞭和不經意的製造對受訪者隱含的批評。民族誌學家必須傾聽受訪者的語言。從一個形式到另一個形式，他們總是在不斷的溝通。

在正式的環境——像是校區——一個高度正式、儀式化的規定對增加接近的機會，並訪談學生和教師是必須的。請求並能有把握（訪談）的許可牽涉到與上層（stakeholder）（包含了督察長和校長）的初步會面，以互相詼諧的開場、正式研究計畫的解釋（包含提交已計畫的研究）、許可信和正式的定期交流，包含研究論文末的備註。相同、結構化的訪談在訪談中需要更結構化的規定在介紹、許可、指示、正式的暗示以表明更多的交流（formal cues to mark major changes）、親近和可能的進一步溝通。

不正式的訪談需要同樣的開始訪談禮節。然而，研究者無意、暗中地溝通著許可、指示、線索、親近和進

一步的信號。幽默和打破僵局的話在不正式和正式結構化的訪談都很重要，但因每場訪談形式中的需求，而有某種程度上細微的不同。對合宜規定的敏銳度能加強訪問者的效果。

策略和技巧能加強訪談的品質。最有效的策略，似是而非地，就是沒有策略。表現自然比任何表演更使人信服。舉止像青春期的男女孩並不能贏得青春期男女孩的信任，這只會使得他們更為懷疑。同樣明顯的理由，舉止像個有成就的律師在訪談律師時是無用的。首先，民族誌的訓練在田野工作中強調誠實，包含了訪問。虛偽的遊戲在訪問的環境或其他地方沒有生存的空間。第二，在任何資料蒐集的訪問中，目的是要向訪問者學習，而不是給予這個體詢問者已經多麼了解這地區的印象。第三，即使是完美的演員在漫長的訪談中一定會失足，而因此破壞了信用。表現自然是最好的保護傘。

在適當或是可能測驗民族誌學家的系統知識時，更有經驗的民族誌學家，會經由打破較小文化的規範而學習——像是在官方的會談上坐到其他人的椅子以測試發生狀態、階級制度和族群模式。然而，這項知識發展策略需要大量的實驗和非常健全的融洽關係，這是在研究中花費大量時間在族群上才能得到的結果。對次文化規範傲慢會傷害感情、損害融洽關係而造成巨大損失，並嚴重地扭曲溝通線——所有都會造成得到壞資料。

某種程度的操縱會發生在所有的訪談中。訪談者試著從個體生活中學到一些事情——不是每一件，只是一

些。要達到這個目標需要一些意識或下意識的語言交流來形成——經由自然對話中清楚或暗示性的線索。舉例來說，採用來自法庭訴訟程序的策略，在一段期間以不同的方式詢問同樣的問題，以檢定訪談者對反應的了解程度和個體的誠意——這就是這個個體所相信的答案，或是他（她）要民族誌學家聽到的答案（或是他〔她〕認定這是民族誌學家想聽到的）。這項策略提供民族誌學家稍稍地修正，萃化對初始反應的了解。通常，重覆的問題和同樣問題的不同變化引出的反應，在討論題目上會散發出全新的觀點（light）。訪談者應該在訪談中散播這類形式的問題。一個接著一個地重覆問題會造成侮辱和沒有結果。有些訪談比其他更快達到消失回應的地步。訪談者必須知道何時在題目上停留和何時移開。

相似的策略包含了要求重覆參與者的問題。一個個體的問題給予他（她）的答案同樣多的訊息。在重覆問題中，受訪者在主題和相關的關係上提供更廣闊的看法。同樣地，當答案的語調或態度引起反應是否完整的質疑時，訪談者要請求受訪者重覆或是闡述答案。當受訪者對詢問的反應只是簡潔、有效率的回答時，這個方法便能有效的刺激和受訪者的討論。

數以百計有用的訪談策略中，最有用的是讓受訪者自在，感謝訊息的價值和加強後續的溝通。許多有關訪談的書強調控制。在正式結構化和半結構化的訪談中，維持控制訪談的方向是有用的，以確保在短暫的時間裡產生想要的目標訊息。然而，民族誌學家想要受訪者在

重視時間（much of the time）的控制之下。「如何」溝通和溝通「什麼」一樣有益。一個個體的態度、強調和表現能告訴我們一個個體的時間認知、思考組織力和人際關係的感覺。管理大多數訪談和維持控制會犧牲太多的資料。有技巧的民族誌學家學習何時讓受訪者閒談和何時形成或指揮訊息流動——一般由研究或詢問的階段來形成決定。在探索性的工作中，讓參與者控制溝通的流動是最有用的。正式假說測驗的焦點時期需要民族誌學家維持更強的控制。

　　沉默也是訪談的有效策略。對許多美國人來說，學習如何忍受問題和回答間的空檔是很困難的。然而，田野調查員要學習每當沉默降臨，不要按慣例地跳入或闡明問題。最好的方法是讓參與者在回答前思考問題和消化一段時間。參與者明顯地結束討論論題之後，簡短的暫停可以帶來更多訊息是對訊息重要的修飾。沉默的責任落在兩方。一個有經驗的民族誌學家學習如何以技巧性的方式使用沉默——鼓勵受訪者說話，而不是使他們不舒服或害怕。像這類策略和以下所述，將會保證有更自然和有用的溝通流動、減小角色扮演、各式各樣其他的錯誤因素和毫無生產力的時間。

關鍵角色或報導人訪談

　　有些人口齒較清晰和對文化較敏感，這些個體是優秀的關鍵角色或報導人。報導人是傳統人類學的術語，

然而，我使用關鍵角色這個詞來描術個體以避免這個術語的瑕疵和它的歷史根源[2]。研究的社會族群，個體是其中的演員之一，也許不是主要的，但卻也是不可缺少的。然而個體變成民族誌研究劇院裡的關鍵角色和中心角色，連結了田野調查員和共同體。

關鍵角色可以提供詳細的歷史資料，當代人際關係的知識（包括衝突）和日常生活裡差異細微的訊息資源。雖然民族誌學家試著盡可能和許多人談話，但時間是個因素。所以，人類學家傳統上相當倚重族群中一位或二位個體。

典型地，關鍵角色將會發現許多民族誌學家的問題的答案相當明顯或是愚笨。田野調查員會詢問文化的基本特徵——關鍵角色的基本知識。然而，像這樣天真的問題通常可以導出文化如何運行的總體解釋。像這樣的問題反應指出關鍵角色和受訪者之間的不同。關鍵角色通常以廣泛、漫談的方式回答問題。一位受訪者明確地回答問題，以他們所有的豐富內涵和特徵，卻沒有大幅的描述和接觸的對話。訪談一位受訪者通常是較有效的資料蒐集策略，但這比和關鍵角色討論要顯露較少和可能得到較少的有效資料。

關鍵角色需要小心選擇。他們是少數能完全象徵族群的人。然而，他們通常是社會主流的成員——除此之外他們沒有接近尖端文化資訊的途徑。關鍵角色也許是文化的落伍者，遊走於兩種文化之中，如同在我研究之下的輟學生，一腳跨於學校，另一隻卻踏在街上。這樣

的情況也許給予他們對的文化特殊有利觀點和客觀性。他們也許是在社區中正式或非正式的領導者。關鍵角色來自各行各業和涵蓋所有的社會經濟和年齡族群。

　　關鍵角色是民族誌學者極佳的訊息來源和重要的告示板。在我研究輟學生期間，我常常先拜訪其中之一的關鍵角色，以更新最新的消息，試探有關文化規範和信仰的最新想法。Rerun，一個 Brooklyn 輟學生教育計畫的學生，常邀請我到他家吃晚餐或是記錄口述。他和他祖母告訴我有關這鄰近地區的故事——它過去是如何，而現在變得有多麼危險。他還讓我了解這社區的周遭，所以我能學得「其他住在這裡的人」。他住處前面是毒品交易和賣淫、拉皮條的旅館和各式各樣類似的活動。他對這社區了解的知識是無價的，而他十分願意和我分享。同樣的訊息也幫助我了解學校教育計畫的前後背景關係。Rerun 也讓我由關注學校裡角色塑造的重要性，了解學校的社會思潮。他告訴我教育計畫裡的一位新老師打破有關合適穿著的所有規則，試著教他們有關以「五隻手指的折扣」（five-fingered discount，即偷竊）來「解放商品」（liberating merchandise）。他說學生感到反感，他們到行政官員抱怨。「他們到這來是爲了學習」他解釋道。他們已經看到在公立學校和街上爲他們做了什麼樣形式的教育。在教育計畫中，新老師打破這樣的基本文化規範，所以學生將他免職。我和行政官員及其他同學重覆確定這項訊息。雖然官員不願討論它，他證實了Rerun 的故事和提供了其他被隱蓋的訊息，因爲這件事

在政策上違反常理。

James 在 Detroit 輟學生教育計畫是一位長期任職的管理員。他和許多這裡的學生一樣成長於當地的社區。而他對認真和不認真的學生之間，以及認真和不認真的老師之間的差異相當了解。我問他如何認為學生能遵守禁煙的新規定、禁止在室內戴帽子和穿運動鞋。他說：「你能從地上的煙蒂來得知他們仍在吸煙，無論哪一個日子，我知道，因為我必須清掃它們。幾乎都是新來的，你知道嗎？像是 Kirk 和 Dyan、Tina。你能隨時抓到他們在哪裡，我曾看過他上課時在走廊，這裡（指咖啡廳）和下課後（還在咖啡廳裡）」，他提供觀察的證據支持他的觀察——和我們訪談時，他已經清掃出一堆煙蒂。

在一分資優教育計畫研究中，我最具了解力和最有助力的關鍵角色是學區督察官。他告訴我校區的政策和研究期間如何避開無謂爭論（turf disputes）。他帶我繞行社區，教我如何分辨每一個主要的地區和指出每個相對應的社會經濟差異，這在研究中確實有重要影響（Fetterman, 1986f, 1988a）。他也提出了教育循環特質，現在有一些董事會成員和前任學校理事會成員提出菁英主義，反對現在的（普及教育）計畫。他限制他兒子不要加入為資優兒童而設的計畫（而其實他有資格加入）。這訊息使我對在董事會中同輩壓力的認知開了新的一扇門。

一位關鍵角色提供具體的描述，會比陷入抽象幫助更多。在一項教育計畫中關鍵角色又變成另一項人類學

者研究的工作。一開始他的幫助是無價的。然而，隨著研究進行，他的具體描述和定期象徵性的說明，提供一種方式來陳述整個社會系統。最後，我們承認我們正失去對計畫的觀點，和研究下的個體。受過高度訓練、正式教育的關鍵角色在研究中是有益的，但是田野調查員應該用心地請求他們的貢獻，注重具體事實和約束抽象使變為真實。

關鍵角色能幫助田野調查員綜合觀察。在研究一個大學科系時，我觀察到一群教員會議開了數月卻未在任何議題達成決定。我已預料有曖昧未明、爭論、意見不合的情形，但是我沒有意識到不安定氣氛的延長會期；這些教員通常是更有決斷力的。我和一位關鍵角色（一位自學系榮譽退職的教員）分享對教員的描述，像是漂流的船、沒有舵漫無目的的航行。他提供更廣闊的前後關係，幫助我了解我所看到和經歷的。他解釋我正經歷「空窗期」（interregnum）。前任主席辭職而學系正面臨領導真空期。沒有這項訊息，我不能完成學系互動關係的描寫（picture）。

關鍵角色和民族誌學家必須互相信任。慢慢贏得雙方的尊重。民族誌學家必須花費時間找到口齒清晰的個體並花時間在他們身上。田野調查員學習倚靠關鍵角色的資訊——特別是當重覆檢查其他來源，以證明其正確性並揭露出來時。有時剛開始關鍵角色的選擇，僅僅是因為他們和民族誌學家性格相似，或是有互動的關係。民族誌學家和關鍵角色建立長期關係，而持續提供可靠

和易了解的訊息。關鍵角色可以是非常有效用和有效率的資料和分析來源。

　　同時，民族誌學家必須小心地判斷關鍵角色的訊息。過度依賴關鍵角色是危險的。每一項研究需要多方面的資料來源。另外，小心對於保證關鍵角色不會只提供他們認為田野調查員要聽的答案是必須的。民族誌學家能簡易地檢查答案，但必須對扭曲和錯誤保持警戒。另外，當關鍵角色開始接受民族誌學家的理論和觀念架構時會有微小差異問題產生。關鍵角色也許不經意開始以先前架構的術語描述文化，破壞田野調查和扭曲外在或內在的透視（要進一步討論關鍵資訊提供者，見 Dobbert〔1982〕；Ellen〔1984〕；Freilick〔1970〕；Goetsz & Lecompte〔1984〕；Pelto〔1970〕；Spradley〔1979〕；Taylor & Bogdan〔1984〕）。

生命史和自傳的表白訪談

　　關鍵角色常提供民族誌學家豐富、詳細自傳式的描述。這些生命歷史通常是相當私人的；個體通常不能完整的表現團體。然而，關鍵角色如何去編織，就告訴我們許多有關這塊社會團體的布料為何。個人的描述提供目標文化整合的圖像。

　　許多口述歷史能以額外的工作來證實真偽。然而，在一些例子裡生命史不能被證實或甚至確定事實正確。在這些案例中，生命史仍然是無價的，因為記錄捕捉了

過去的個體認知，提供獨特關注在關鍵角色如何思考以及個人和文化價值如何形成他（她）過去的認知。將觀察和訪談合起來，生命史允許民族誌學家組合大量認知資料，以便產生和回答有關社會團體的基本文化問題。

我在集體農場的田野調查產生了一些豐富和令人激賞的生命史。許多在集體農場的老人曾經是集中營的倖存者。他們對於有關於集中營前的日子，在集中營裡生存和自此至今的體驗的故事是令人注目和有力量的。一位倖存者，Abraham，描述他青年時的家庭，在德國時所上的學校，他所處於的地位和當納粹（Nazi）掌權後氣氛的逐漸轉變。他告訴我在剩下的家人到達集中營之前，他如何失去另一半的家人。他故事裡在集中營裡生存下來的策略令人恐懼。他在集中營裡倖存是因為納粹只要他到堆滿死人屍體的坑裡，撿拾死屍的金假牙，就讓他活下去。他回憶有個冷天，納粹插隊到他和他兄弟之間，隨意地射殺他們，獨留他活命。我們甚至談論有些曾是高社會階層在集中營裡，仍覺得優越於其他人。Svie 是另一個 Holocaust 的生還者。他描述一位年輕人在集中營裡反叛。看到作為毒氣殺人的建築物轉角處有一把來福槍，年輕人從隊伍中裸奔和顫抖地抓到那把槍。他瞄準守衛然後按下扳機，但是什麼都沒有：守衛玩弄了他。他們告訴年輕人其他人要為這不守規定付出代價，然後將他趕回被毒氣殺死的隊伍前，在他面前射殺了三十個男人、女人和小孩。這肉體和精神上驚駭了過去曾經歷過的倖存者——以及當如此多的人死去，而

僅有他們倖存下來的罪惡感——正在淹沒他們。這些故事是有價值的，不只是歷史記錄，也作為幫助我了解他們每天在集體農場工作所展現出來的行為、情緒、害怕和價值觀的關鍵。

輟學生計畫的研究也提供豐富的生命史。許多學生極詳細地和我分享他們的生活。一位年輕女人告訴我她母親一再的偷走她的男朋友，而且留她在寒夜裡的家門外照料自己；一位年輕人描述他看到最好的朋友向警察開槍，然後看到他朋友被隨後的反擊打到頸部。這些寫實的生命史幫助解釋這些個體如何看這世界——為什麼有人輟學，為何他們週期性在新計畫裡遲到，和在計畫中為何需要如此多的輔導員。再來，一位在輟學生計畫中祕書的生命史——一幅完全白種、中等階級的年輕女人的圖像——解釋了為何明顯地和黑人低社會經濟階層的小孩產生衝突。

生命史的研究通常對關鍵角色和民族誌學家兩者都有益。然而，這極度耗費時間。研究大略包含自傳式的表白訪談，在資源限制和時間束縛下，特別對研究有貢獻。在許多案例中，縮短或集中的生命史已足夠。一個自傳式的表白訪談或案例歷史，結合了結構化的訪談和以時間記錄的自傳。自傳集中在社會、教育和工作的發展。而不是學習參與者生活的全部行為，民族誌學家學習有關參與者生活某方面至一定深度。當問題放在一起時，提供透視深度的技巧是無價的。這方法最可能以產生有利的了解進入參與者的世界觀點，和在短時間內聯

繫了解和特殊研究主題時得以成功（Spindler & Spindler, 1970, p.293）。

清單和表格

一些技巧能刺激訪談者的回憶和組織資料。在半結構化的訪問期間，規定或談論的清單是有用的。這些清單通常印出來或是不突兀的顯示在可攜式電腦上，包含民族誌學家計畫能涵蓋整個訪談的主要論題和問題。想要一個更有效率的方法時，清單能作爲提醒物和引導訪談的過程。同樣地，在田野調查有一些經驗之後，能逐漸的製作表格以幫助擭取資料。舉例來說，在輟學生研究中我爲我自己和其他田野調查員製作了教室觀察表格（classroom observation form）。它簡單地由資料、地點、觀察者、教師和計畫主題組成，頁面其他地方分成三節：課前觀察、教室教育描述和課後描述。這表格容易記錄和完成。而這也是無限制的，允許觀察記錄任何事件。唯一我強迫要在表格上的是清楚的結構（和之後的觀察）是課前、課中和課後活動的形式分類，包含指出哪位學生早來或下課後仍在教室以及他們正在做的特殊事情。經由訪談和觀察，在文件上記錄老師和學生帶來的情緒，通常可以幫助解釋教室裡的行爲，特別是課外活動期間，像是選舉期間和大型競賽。

核對清單和表格有助於組織和訓練資料蒐集和分析。用田野調查得來的知識建構以保證它們的適用性。核對清單和表格也要求一致的用途，如此允許田野調查員比較，舉例來說，他們在不同的系統中，輟學生對新法則和規定有各樣的觀點。然而，這樣的清單和表格並不是固定的；新論題浮現就值得探勘。新的概念化出現，以不同的表格，作為選擇和分析相關聯的資料是必要的。這樣研究者在整個研究過程中，必須持續地修飾舊的，以發展新的清單和表格。

問卷

　　結構化的訪問接近於問卷的大致形式。問卷在訪談整個範圍中也許是最正式和僵硬的交流形式——逐漸增加結構化訪談的邏輯化延伸。然而，問卷在性質上和訪談不同，因為研究者和受訪者之間的距離不同。訪談有互動的性質而問卷卻沒有。在填滿問卷時，受訪者沒有任何言語上的交換和說明就完成研究者的表格。了解研究者和受訪者是否在同一種波長，有共同的假定和了解問題是困難的——也許不可能。

　　錯誤詮釋和錯誤呈現對問卷來說很普通。許多人對問卷呈現一種理想化的景象，答題應該如他們所想的符合某種景象。研究者沒有控制反應的形式和人互動間的

線索引導出反應的詮釋。其他問題包括題目的誤差和低回收率。來自電話簿的族群樣本排除了許多未列出、沒有電話、或正在搬家的人。隨機按電話號碼雖然改善但仍漏失後兩個族群。同樣的，使用車輛登記得到樣本將會失去沒有車或沒有登記的人。忽略這些被分離開來的族群將會系統性的影響資料和反應的詮釋。

　　雖然有這些警告，但是問卷仍是處理問題以應付社會典型人物的出色方式。它們是唯一感覺成千上百人們脈動的實際方式。人類學者常常將大的難題拼湊成較佳的控制範圍之後，才發展問卷以探索特殊的議題。問卷是民族誌學家有關這系統的知識產品，和研究者能為特殊主題，或一整套有關議題而改寫它。民族誌學家也用現存的問卷，來測定有關特殊概念和行為的假說。然而，民族誌學家必須在執行問卷前，建立殊特問卷和目標文化或次文化的關聯。發展中的簡易問卷為了兩個研究，我用我文化的知識，反映在文化術語和表現上，這方式的問題和問題的內容都是口語的。初始階段對消除各式各樣的錯誤是必要的，包括模糊和誤導問題，不適當的反應種類，過大的格式和低劣的印刷品質。我也曾經送出三波次的問卷以改善反應程度。額外的統計工作對計算回收的樣本誤差和解決許多其他問題是必要的。然後我比較這些問卷的結果，以考驗我描述的發現。描述發現對解釋問卷結果是有用的，和問卷結果提供了解一些普遍的態度為何。

　　問卷在民族誌研究有存在的空間：它們是大規模資

料蒐集的有效率手段，雖然所有警告呈現方法論的問題和問卷使用有關——包括詢問者和受訪者之間的距離——減弱了作為主要資料蒐集技巧的可靠度（見：Fowler〔1988〕，調查研究方法的優秀呈現；Hagburg〔1970〕有關問卷資料的可靠性和 Groves & Kahn〔1979〕以及 Lavrakas〔1987〕，關注的電話調查）。

反映主觀技巧

反映主觀技巧在民族誌中也很有用。反映主觀技巧（projective techniques）補足和加強田野調查，並沒有取代它。這些技巧從族群成員引出文化上，和心理上的訊息。典型地，民族誌學家手持一個物品然後問參與者是何物。人類學家也許對物品代表什麼有看法，但參與者認知的看法要重要許多。參與者的反應通常顯現個體需求、恐懼、性向和大眾的世界觀。

Rorschach 墨痕測驗（Rorschach ink blot test）是典型的反映主觀技巧。心理學家和精神病醫師拿一系列墨痕並要求病人解釋。臨床醫師根據提供的訊息診斷。人類學者習慣用 Rorschach，主題統覺測驗（Thematic Apperception Test），和各種其他的心理測驗以調查特殊的假說（Pelto, 1970; Spindler & Spindler, 1958）。然而，反映主觀技巧在田野調查的使用出現某些困難。首先，

研究者需要特殊的訓練以及處理測驗和解釋反應的經驗。第二，這些測驗易有文化上的偏差——主要關聯到產生誤差的文化。除非研究者改編測驗——或解釋他們——在被研究的文化之下，解釋也許不適當和造成誤導。

許多人類學者改編測驗以局部地合於脈絡。其他僅使用典型反映主觀技巧，引出參與者的反應然後使用判斷和直覺（基於對社區的了解），來適當地解釋反應。而其他的人類學者創造反映主觀的技巧和反應相配合。我時常使用圖片和幻燈片作為反映主觀的技巧。在輟學生研究中，我秀出鄰近地區的圖片給學生然後要求解釋圖片，以得知他們如何安排他們的社區。我也放映每張幻燈片給他們來引出反應。一張幻燈片放映出計畫行政管員，我只曾聽過被高度讚揚的人，引起「Idi Amin」的叫嚷。學生的反應顯出對這官員的另一面感覺：他們愛他而且尊敬他，但他們也討厭他是嚴厲的老師，強迫遵守所有的校規。我需要經由接下來的訪談和多重確認來進一步調查反應。然而，幻燈片提供學生和官員關係層面的一點曙光。

僅僅照相就能是反映主觀的技巧。在我的研究中，我幾乎都在照相。個體當我透過鏡頭對焦時，對相機如何反應常常表現了個體的特徵。害羞、大膽或是性感的姿勢都能告訴我們。

隨意的談論起電影、電視秀、警察或幾乎任何話題對有技巧的和留心的民族誌學家都能成為反映主觀的技

巧。當教師／研究者在市內中學時，我使用夢作為反映主觀的技巧。我詢問學生有關夢和其他人的夢，然後問他們夢的意義。他們在教室的角落和在校長室被抓的夢接近對應他們被囚禁在學校的心情（為了交換他們公開夢，我常常提供古典佛洛伊德或實用主義的阿德勒來解釋他們的夢。他們喜愛這些解釋主要是為了娛樂價值）。

即使是反映主觀的技巧，仍然極少能單獨呈現出解釋。研究者需要設置技巧於較大的研究脈絡中，以完整的了解所引出的反應。反映主觀技巧是引導進一步質問的線索，或支持進行中假設的訊息來源之一。只有民族誌學家的想像，限制了可能發現反映主觀的技巧數目。然而，田野調查員只應該使用和當地族群及研究有關的測驗。

其他引出反應的方法

各種其他的工具引出目標文化內部成員的分類和範疇。民族誌學家要求參與者將他們的社區的人分等，以了解各種社會的階級制度。語意差異技巧（Osgood, 1964）引出內部成員某些概念的評等。舉例來說，受訪者被要求以五點 Likert-type 等級（極好、好、中等、壞、可怕）。（田野調查員和本地人有同樣的評等定義）接下來本地人或參與者被要求評等各種其他概念。田野調

查員可以比較個體和其他社區成員的評等，產生族群對某個議題想法的圖像。田野調查員能因此辨別典型和統計學上的例外或反常。認知映像（cognitive mapping）也是引出內部成員觀點的有用方法。要求學校安排他（她）經過某些路標走路到學校（例如，路線能識別出幫派領土的街區）提供我們洞察個體如何看這個世界。

這些技巧，像反映主觀的技巧，在他們設計和使用前需要一些社區的基礎知識。處理這些方法以完全理解反應之後，額外的工作是必要的。這些技巧能達成同樣的發現——以結構和特質的問題訪談產生的——真實內部成員的認知。

不冒昧的方法

在這章節的起頭就先陳述，民族誌學家是人類的工具，藉由他們的感覺來做資料蒐集與分析。大多數的民族誌方法是互動的：這些方法牽涉了與人們交涉。民族誌學家試著以最不冒昧的方式，對參與者行為的影響降到最低。然而，資料蒐集技巧——除了問卷之外——基本上都是建立在人類的互動上的（Webb, Campbell, Schwartz & Sechrest, 1966）。

冰山一角

Outcropping 是一個地質學術語,是指岩床中可以看得見的一部分,換句話說,就是露出來的東西。露頭在內地城市的民族誌研究中,包括了摩天大樓、毀損的房屋、塗鴉、街道上的尿臊味、被丟棄垃圾的庭院、勞斯萊斯轎車和校園中的注射器。研究者可以由一個地區的露頭,很快地估量相對的富有或貧窮。起始的推論是可以不需要任何的人類互動。然而這樣的線索本身也可能是誤導方向的。一間擁有所有現代設施與想像得到的奢侈品的房子可以顯示出富有的信號,或是瀕臨破產邊緣的金融過渡擴張者。研究者必須在一個更大的背景中訂出所有的露頭。一個破碎的注射器,是在醫院的地板上或是在夜晚時分的小學校園,是有不同的意義。在內地城市學校的牆上,塗鴉的有無都是很重要的。

一個年輕的女學生穿著兔毛外套、可展露身材的緊身洋裝、高跟鞋以及戴著好幾層的珠寶到校上課。她的衣服讓人聯想到老鴇與賣淫的可能指證(她在這有利益行為中活動的牽涉是後來確定的——由指導者,在一個自發的、巧合的會議中,她的保釋官所確定的)。

Kirk 和 Dee 穿著別有特別徽章的夾克,清楚的顯示他們有加入幫派。我最後才知道,他們其中只有一個人有加入幫派。其中一個年輕人穿他兄弟的夾克。

外在背景經過時間而改變,也是會顯示出一些事情。舉例來說,一個街區中毀損和空房的增加,暗示了

這是一個腐朽的地區。相反的，一個地區中重新裝潢與恢復生機的房子變多，可能暗示著上流階級的進入，就是說富有的投資者接管了這地區。教室的牆上卓越地展示了當代複雜的研究計畫，使人聯想當這教室的活動和學習。學術和運動的獎品是這地區表現的方法，也是學校榮譽的表徵。田野調查員必須小心地估定這些充足的資料，但是不應該忽視或者視為理所當然。

書面與電子形式的資料

在有文字的社會中，書面文件是最有價值與節省時間的資料蒐集形式。在辦公室生活的研究中，我發現過去的報告、備忘錄、職員和薪資帳冊的資料是無價之寶。任務聲明書與年度報告提供了組織的目的或定期的目的，並暗示了組織內部想對外呈現的印象。內部的評價報告指出關切的範圍。預算告訴我們許多有關組織的價值。電子的傳遞與資料庫告訴研究者一個組織的現今地位，並讓使用電腦的民族誌學家來做資料的假設遊戲。舉例來說，民族誌學家可以交換或替代某部門的整版圖表，來決定不同假定和情況之下的影響。電子郵件（electronic mail）比一般信件的限制要少，因此顯出辦公室內部關係、勢力範圍與不同的權力鬥爭。

學校的資料告訴我們這學校的過去、現在與將來的計畫（或至少標語會說出學校的目標）。課業計畫、家庭作業、論文和報告卡（或是其他這裡沒有談到的東

西），都顯示出有關老師、學生、家長及管理者的資料來源。教育委員會和教職員的會議記錄提供有效的追憶資料。田野調查員需要允許獲得接近這些記錄的機會，特別是較敏感的資料。然而書面記錄都是存放在老舊的檔案櫥或是軟碟中，主要架構可能是很驚人的。適當的使用這種資料可以讓民族誌學家節省掉好幾年的工作。

人際距離學與動作學

在第 2 章中，已經簡短的討論過人際距離學與動作學，解釋了在微觀和巨觀研究中的不同。簡單來說，人際距離學就是分析社會定義之人與人之間的距離，而動作學是著重於身體語言（Birdwhistell, 1970; Hall, 1974）。學生和老師保持身體上的距離，可能會覺得彼此間的關係很微弱。在美國文化中，一個推銷員對未來的買主說明一個產品，彼此的距離是在兩呎之內的話，是非常可能闖入買主感覺上的私人領域。有技巧的使用這樣的闖入可能可以壓倒買主並做成買賣，但更有可能的是嚇跑顧客。開會時座位的安排具有社會意義。在對輟學生的審查小組會議中，嘗試要控制會議的經紀人坐在桌子的一端，而他們的對手坐在另一端以建立他們的勢力範圍。會議中的座位改變是權力和忠誠度轉移的證明。訪談者與受訪者之間的相關地位和社會距離，可以於訪談中彼此的身體距離作爲證明。訪談過程中，訪談者一直坐在桌子的一邊，或是走到桌子的另一邊坐在受訪者的

旁邊，是發出不同訊息的。這樣的座位安排可能顯示出訪談者有具支配性或是從屬關係的感覺，或是在這種充滿壓力的社會場合中，表示出訪談者的舒適或不舒服的層次。田野調查員應該記錄這樣的觀察，並且——和其他本章提過的技巧——將這樣的結果放在一個更大的背景之中來詮釋，並與其他資料做交叉檢查。

在民族誌的研究之中，對身體語言的敏感度也是一項重要的工具。緊握的拳頭，書桌上學生的臉，指導者臉上的謙遜表情，一個滿面愁容，一陣的臉紅，一個學生坐在椅子的邊緣眼睛緊盯著課堂講義，還有其他的身體表現為田野調查工作提供了有用的資料。在背景之下，這樣的資料可以引出假設，部分是可疑的部分，和加上另一層次的理解。

傳說

傳說對有文字或是沒有文字的社會都是很重要的。它們是民族精神或是一種存在方式的結晶。文化通常用傳說來傳達重要的文化價值和訓誡，從一代傳到下一代。傳說通常著墨於熟悉的環境，並描繪出和當地相關的背景，但是故事的本身卻只是外表而已。在薄外表下的是另一層的意義。這內層顯示出故事潛在的價值觀。故事讓民族誌學家洞悉人們非宗教性與宗教性、知性與感性的生活。

聖經故事和傳說在以色列被用來加強某種國家價

值。同樣的在美國，有關喬治華盛頓與他父親的櫻桃樹的傳說也是用來對小朋友和大人灌輸某種價值。社區中對輟學生的傳說，顯示了社區中的人如何看待輟學生的證據。學生們對幫派份子的傳說，可能指出學生們對幫派的態度與參與度。

　　傳說在所有的背景中都會出現。在一個對醫院藥局的研究中，我發現傳說對一個文化是很有情報性的。在醫院藥局中最嚴重的金融問題是收入的損失。我由聽到而且深入一個從傳說得來的資料，就指認出一個運作上的大漏洞。在聽說醫療人員交換有關病患檔案的「戰爭」故事，我了解到某部門將檔案儲藏了好幾年。其他的故事描述為了擁有一些敏感的（和有金融價值的）檔案，而和醫療部門的戰爭。我知道在醫療檔案部門有一些陳舊的在檔案櫥之外的檔案。這樣的故事一直被用來安撫員工：他們有一個陳舊的、勞力密集的現有系統，沒有辦法說服管理者增加員工或是電腦化整個系統。這樣的傳說加強了他們的次文化信仰，相信他們是在一個大而昂貴的機器之中，是被壓迫和忽視的一群。這些故事一點都不是事實。這陳舊的現有系統要對明顯的收入損失負責。他們並沒有足夠的員工來整理檔案（將醫療處方給病患並收費），或是去掌控所有的工作，因此有些檔案一直堆在那裡一直到過期而不能向病患收費。管理者也用相同的傳說當成是替身的機制來加強不適當的想像，並責怪這部門的損失。這傳說引出了重要的對組織內部適應不良行為之觀察。

急診室中有關英雄式努力救活病患的傳說，在特別艱辛的情況之下，維持了醫師和護士的道德。傳說也形成了急診室管理部門的行爲模式。有一次我和一個急診室員工聊到有關督導的傳說。這個急診室督導有再評估每一筆醫師和護士旅遊補償的名聲。我和這個督導很熟，知道他不會有時間再評估這種金融問題的（他都是移送給一個助理，一位在急診室中只專注於部分收支的人）。有關督導的嚴謹控制，對整個系統發出一個象徵性的訊息，即管理者十分注意細節地管理所有的資源。這傳說影響了瑣碎的問題，像是急診室中的旅遊補償或是基本的醫療行爲。再重申一次，在形成行爲模式時，知覺到的真實是比所謂主觀的真實來得重要（見：Fetterman〔1986〕有對這研究的詳細內容，並專注於管理和金融上的問題）。

　　所有在這章討論的方法和技巧在民族誌研究中都會用到。它們互相加強彼此。就像是概念、方法和技巧引導民族誌學家穿越人類存在的迷宮。發現和理解是這努力的動力來源。接下來的章節探索一個範圍更廣的有效工具，讓民族誌學家更有效而愉快的深入時空去探險。

註釋

[1] 這時我決定專注於分類單位,並詢問下列構造的問題:什麼樣的圖書館員在這處所工作?兩種特別形式的圖書館員變成這討論的焦點:原始目錄編輯者和拷貝目錄編輯者。在這樣的背景下,一個很自然的特質問題是,這兩種目錄編輯者有何不同?這問題引出帶情感的討論,是有關於他們的日常生活是根本不相同的,這兩種職位所需的訓練是多麼的不一樣,和這兩種圖書館員在智力上的努力是如何的不同。我知道了拷貝目錄編輯者是如何運用現存的目錄資料來作他們的工作,而原始目錄編輯者必須先翻譯這本書,再循著編纂法則和規律的迷宮來完成任務。經過一些徹底調查,原始目錄編輯者告訴我他們覺得管理者是多麼不在乎這些差異,一種建立在他們新的生產標準上的感觸(他們每天被期待著要處理好多少本的書)。他們解釋說每本圖書館協會分類好的新書是給拷貝目錄編輯者的,而他們是分類圖書館協會接管分類之前的未分類舊書。很多原始目錄編輯者相信他們只是為了工作而工作。這種文化的知識是無價的,嘗試著了解複雜組織之內的工作情形,包括壓力和負擔。

[2] 報導人(informant)這個術語源自人類學在殖民背景下的工作,特別是先前被大英帝國統治的非洲國家(Evans-Pritchard, 1940, 1951; Pi-Sunyer & Salzmann, 1978, pp.451-453.)。這個術語也給人祕密暗中活動的想像,這與民族誌的方法不相容。

4

加速前進：民族誌的工具

在平地，枴杖讓我走路時得以維持一個輕鬆
的節奏。而當我停下來站立凝視時，枴杖則讓我
倚靠。

—Colin Fletcher

筆記簿、電腦、錄音機、相機——所有民族誌的工
具都只是人類工具的延伸，幫助我們去記憶和觀察。然
而這些工具可以藉由擷取豐富的細節和民族誌實驗的風
格來幫助民族誌任務的進行，並且幫忙組織和分析這些
資料。民族誌工具的範圍從簡單的紙、筆到高科技的筆
記型電腦、大型電腦，以及從錄音機、照相機到錄影機
等。恰當的工具可以使處在異國文化的民族誌學家感到
更愉快、安全、有生產力和高投資報酬率。

筆和紙

　　民族誌學家使用最普遍的工具就是紙和筆。藉由這項工具，田野調查者在每次集會期間或之後的面談，做下重點的記錄，描繪出一個地區的自然風貌，記錄出有組織的架構圖，並且勾勒出一個非正式的社會網路。筆記簿可以記錄最初的印象、詳細的訪談細節和初步的分析。這種簡單的工具在課堂上被用來做各方面的筆記，而大部分學院裡擁有大量使用這種工具的經驗。記錄筆記的技巧是可以很容易地轉移到田野中的。筆和紙有著許多優點：使用簡單、花費少和不突兀。但是缺點也是很明顯的：田野調查者在記錄筆記時，不能記錄下每一個字和一些社交情況細微的差別，因此很難和其他受訪者維持眼神的接觸，並且需要花許多的工夫去記錄一些易讀且有組織的資料。

筆記型電腦

　　筆記型電腦相對於筆和紙而言則是一種重要的進步。筆記型電腦是一種輕便、可攜帶式的電腦，常被用於辦公室裡、飛機上或者是田野之中。訪談時，我常使用筆記型電腦來代替紙和筆。田野工作者在尊重對方的

適當情況之下使用筆記型電腦，筆記型電腦可以說是現今許多工藝技術複雜的裝置之中最不令人感到突兀和讓人分心的。思考和分析的時候，筆記型電腦則可以省下很多的時間。而且筆記型電腦還大大地減少了每天工作完後要將這些訪談筆記再一次鍵入電腦的需要。田野工作者只需要在訪談中或訪談之後將資料一次輸入電腦就可以了。最初的筆記也可以很容易的再擴充或修正。這些檔案可以利用外接的磁碟機、合適的軟體或高速的數據機，從筆記型電腦傳輸到個人電腦或大型工作電腦中。這些檔案稍後可與其他的調查資料合併，累積製成一份高度組織化（有日期和多方參考資料）的田野工作記錄。

筆記型電腦也提供了民族誌學家一些機會，在評論分析資料時和參與者產生互動。民族誌學家可以當場與參與者分享、修正筆記，列出表格和圖。慣例上，我都會請求參與者看看我做的筆記和備忘錄，以增加我觀察的正確性，並且讓自己能感受到他們的關切。代表行為發生的頻率或一個組織裡某些次族群的大小的圖表，是可以讓民族誌學家和參與者都大開眼界的。筆記型電腦讓參與者提供立即的回應，利用電腦的許多功能，可以看到各種的可能性，譬如將圖上的一個群體移除，用另一個群體替代，或者將各群體合併起來。民族誌學家可藉此由參與者的價值觀中學得許多的事物。這種結合的形式不管是否被參與者接受，都提供了一種有用的洞察力深入到參與者的世界之中。

筆記型電腦並不是萬靈丹，但卻真的可以節省時間和縮短研究。一位進行很多地方研究的民族誌學家，可以帶一台筆記型電腦到各地，並且利用電話數據機連到家裡的電腦上傳輸檔案。筆記型電腦也可以藉由間接的電子郵件系統來幫助從各地與研究中心的聯繫。

當然，跟所有的儀器都一樣，筆記型電腦也有它的缺點。田野調查者必須學習操作系統、文字編輯和其他東西等等。使用筆記型電腦並不像使用筆、紙那麼簡單。除此之外，當田野工作者將筆記型電腦帶到人們之前時，必須先花時間使人們熟悉這種裝置。有些人連你用紙筆和筆記簿都會直接拒絕了，更不用說是用筆記型電腦或其他工具。而且，鍵盤的敲擊聲容易讓人分心以及在某些場合會顯得突兀。然而，許多的例子之中，一段簡短的適應期之後會使人對這種工具覺得較為舒服。事實上，筆記型電腦可以打破一些尷尬的僵局，幫助和人們建立更密切的關係，同時使人們習慣它的存在。因此先對受訪者做個簡單的介紹，筆記型電腦或者其他的儀器就可以大大地幫助民族誌工作的進行。

筆記型電腦

　　筆記型電腦是一種對於田野工作相當方便和有效率的工具。它滿足了研究者對攜帶性、記憶和簡單使用的要求。為了舒適和有效率的工作，一般筆記型電腦的硬體配備包括 640K 的記憶體，兩台磁碟機和一個可折疊的 LCD 螢幕。這不是唯一的配備，但這樣特定的配備使得這關鍵性的物件在任何的系統中都會顯得相當突出。

筆記型電腦的一項特徵便是在任何一種的配備之下都是相容的。理想狀況下，研究者所使用的筆記型電腦必須和自己的其他電腦相容。數據機和各種的軟體程式可以克服因為使用不同操作系統的問題，但最好的方法還是一開始就購買相容的儀器（同樣的道理可以應用到軟體上。舉例說明，民族誌若被設計用於 DOS 或 CP/M 系統，就不相容於麥金塔的操作系統）。

　　640K 的記憶體可以讓使用者執行許多有用的記憶常駐程式：如 SideKick（包括日曆、計算機、撥號和筆記簿等功能）、Backscroll（可快速再瀏覽前幾次螢幕的訊息）和 Screen Save（假如有好幾分鐘都沒有使用電腦，會自動把螢幕關掉）。記憶體也容許 RAM（快取記憶體）來驅動需要記憶體的軟體程式。這些軟體程式要求個別使用時需要精確的記憶體容量。然而，640K 已經允許大部分的使用者能夠用桌上型電腦來設定了——沒有任何的不便或時間上的拖延。從 $5\frac{1}{4}$ 英吋磁碟傳輸程式和檔案到 $3\frac{1}{2}$ 英吋的磁碟只需要一下子而已，在一些例子之中，只需要十億分之一秒（有一些

筆記型電腦提供 5$\frac{1}{4}$ 英吋的磁碟機）。這樣的記憶體數量也允許了使用者使用大部分的文字編輯、圖形或者是資料庫的軟體程式，來切合研究民族誌的需要。

擁有兩台磁碟機則可以不用交換磁片。程式磁片可以在 A 槽使用，而資料片在 B 槽。舉例來說，文字編輯程式可以先拷貝到 RAM 裡（常駐於記憶體中），然後字典在 A 槽，資料片在 B 槽（假如 RAM 夠大的話，將字典放到 RAM 裡會大大的加速使用的速度）。然而，並非一定要兩片磁碟片，一些令人滿意的系統只有一台磁碟機。其中如 Toshiba T-1000 將 DOS 2.11 放在 ROM（唯讀記憶體）晶片之中，使它的功能有如 C 槽，可以儲存使用者一片磁片大小的系統檔案。一片磁碟的容量是很重要的。單獨一片可以攜帶的 3$\frac{1}{2}$ 英吋磁片可以儲存 720K——相當於兩片 360K 5$\frac{1}{4}$ 英吋軟碟片的容量。然而，筆記型電腦的形式和它被用來當作主要或次要系統決定了兩台磁碟機是不是必須的（假如這台筆記型電腦是主要的電腦，一台硬碟機就是必須的）。

使用者應該避免選擇會使眼睛過度疲勞的螢幕。在田野工作中，研究者對這台機器的依賴

性相當大，每天大部分的時間都要使用到它。
LCDs（liquid crystal displays）（液晶顯示）有
supertwist 的科技和 backlight 加強了螢幕的素
質（電子發光和氣漿式的顯示器也提供了絕佳
的解像度和清晰度，但卻所費不貲）。顯示器
的大小也決定了需要多長的捲軸來觀看文字。
對一個全螢幕的顯示器以及筆記型電腦而言，
二十五行每行八十個字是比較適合的。

　　有一種快速的方法可以辨識筆記型電腦和
transportables 或 luggables 電腦的不同：一台筆
記型電腦的重量爲 4-20 磅，平均都在 10-12 磅。
一台 transportables 重量介於 28 到 40 磅。
Transportables 是笨拙並且難以提著到處走的。
然而，比起筆記型電腦，它們一般的功能都比
較強大而且便宜許多。

　　筆記型電腦只需花不到一千美元就能買
到。最高價的筆記型電腦——從 Toshiba、
Zenith、IBM、Spark、Tandy 到 NEC 公司——
在各地的價格皆是從一千美元到四千美元左
右。用來彌補主要系統之不足的筆記型電腦是
一定需要硬碟的，如 IBM XT AT 或麥金塔 SE。
若只是一台單獨的電腦，這台筆記型電腦就需

要一台硬碟了，雖然這樣會增加重量和花費（有硬碟的筆記型電腦和麥金塔的筆記型電腦〔Dynamac〕都要花費將近五千美元）。不過，筆記型電腦的價格，不管是有沒有包含硬碟，跟手提型的計算機一樣都下跌得很快。

　　速度是電腦配備的另一個考慮。微處理器的選擇是特別重要的。4.77MHZ 的低速對大部分的文字編輯程式來說是足夠的了。然而，更快的速度如 8、12 或 20MHZ 和更快的微處理器對於大量資料存取到資料庫中或繪圖是必要的。沒有這樣的速度，當程式在對資料做分類或再計算時，使用者將會等待很久的時間。

　　我使用筆記型電腦來編輯大多數的書籍，在飛機上寫草稿，或者是在開會時、在親戚家和在郊外的時候。在家時，我傳送資料檔案到我的硬碟之中來儲存或修改章節。這種工具的效率和可攜帶性使我在各種場合都能繼續我的工作，而這些場合通常是被認為不具工作效率的。

桌上型電腦

　　桌上型電腦在技術上的一些特點和先前提到的筆記型電腦是相同的，許多研究者使用筆記型電腦來作摘要、報告、文章、訪談和一般的資料蒐集，然後傳送他們的檔案到擁有更大容量的桌上型電腦來作進一步的操作。在任何田野工作之中，20-megabyte 的硬碟系統幾乎是最小的需求了。最受歡迎的機種是 IBM XT 或 AT（或是相容機種）和麥金塔 SE 或 II（新的 IBM PS/2 則代表了新一代的 IBM 系統）擁有 20-megabyte 的容量可以讓使用者儲存大量的檔案和執行有用的資料庫程式（當然還有更大的硬碟，而且在處理龐大的資料儲存或執行特殊的程式時還是必須靠大型電腦的）。

　　硬碟可以進行儲存龐大資料的操作。一台硬碟讓民族誌學家可以輕鬆自在地比較資料中龐大的變異。傳統上，民族誌學家藉由他們的頭腦和筆記篩選資料來尋找所要的模式。這種方法對於學習一個文化中粗略模式和實習的辨別而言是有效的，但對於結論而言，卻無法提供有力的檢驗和平衡。當然，從老舊的筆記和記錄中篩選來研究最簡單的學說是需要花費許多時間的。

資料庫軟體

　　資料庫程式可以讓民族誌學家進行許多「假如」─「結果」的測試，隨著按鈕來測試假說的多樣性。我曾經使用過五種不同的資料庫程式來測試自己對某些行為頻率的洞察力、測試特殊的假說，以及對資料提供一個新的視野。Dbase Ⅱ（和Ⅲ）、AskSam 和 Ethnograph 是很適合於民族誌的研究。Dataease 和 Lotus 比較不適合田野的筆記，但對更大量的資料儲存和操作卻是有用的。

　　DBase Ⅱ是一個功能強大且具彈性的系統。然而，它需要使用者去學習程式設計。Dbase Ⅲ Plus 在使用上則更容易，並且提供了巨大的彈性，包含田野記錄的操作。然而，一項重要學習曲線仍舊是需要的。AskSam 是最有彈性的系統之一，它並不需要擁有程式設計師的才能。AskSam 特別適合於民族誌的研究，因為它使民族誌學家可以毫無困難的輸入長期的田野記錄。Dataease 也很容易使用，但它對民族誌研究而言並不那麼地具有彈性和合適。Ethnograph 和 AskSam 在對民族誌的彈性和恰當性比較起來，Ethnograph 也允許民族誌學者在分析時可以修飾規則系統，在最初的資料輸入中改變字體段落的範圍，並且覆蓋在原本的段落上。我也使用 Lotus 來區分和比較少數記錄的變異，如姓名、地址、性別、少數民族、日期和時間。

資料庫程式在我一些研究中也幫助了許多傳統的田野工作。資料庫在能源設備部的一項健康和安全部門的研究中是不可缺少的。我將這個部門發生的意外記錄輸入到需要 20-megabyte 硬碟的 DBase Ⅱ 程式之中。按照慣例，我輸入時間、日期、人物和地點到資料庫中，同時，我也輸入意外的形式，並且研讀每個個案發生的細節，然後再根據相關事件的行為來為每個意外分類。舉例來說，我輸入一個因為抬舉東西而背部扭傷的抬舉意外到資料庫中。我並沒有從身體受到傷害的部位之記錄發現任何重要的意外形式。然而，當我藉由尋找跟意外相關聯的行為的形式來測試資料庫時，一些清楚的形式就顯現出來了，其中包含了抬舉、剪除、移動和提帶物品。除此之外，在分類的過程中，也辨識出了具有意外傾向的個體和暗示了錯誤的工作狀態。這個過程需要花費電腦一些時間，但若我自己用手工來分類、再分類的話則需要數個禮拜的時間，這在我自己時間的估算中是不允許的。資料庫提供了有用的慣例資訊，例如意外的形式、十年來的頻率、受傷者、行為和最嚴重的受傷部位。資料庫也形成了更新、更有用的觀念，這樣可以使各部門的人員更有效的集中他們安全訓練的資金在正確的對象上，包括那些不斷地遭受到意外的人。健康安全官員設計了新的教育計畫來註記跟意外最有關聯的行為，並且列出危險的工作狀態。同時用一種不具威脅性的背景來分享這些資訊也加強了我和設備人員的關係。

電腦的超文件

　　超文件是一個可以從基本上改變民族誌工作分析和陳述的資料庫管理系統。這個系統藉由型態和環境的許多變異來連結資料庫。超文件可以讓使用者發現和分類比傳統的資料庫系統更多有關特別項目的資訊。它也允許叫出被調查者的資料來核對這些訊息或探索更多的觀念（一個記憶常駐的撥號機，如 SideKick，可以擁有這項功能而不需要超文件）。然而，超文件藉由向外搜尋材料的容量超越了傳統一系列階層組織的資料庫系統。不再需要先搜尋所有書籍的標題、然後再搜尋所有的文章、接著才是所有關於被調查者的引用內容，超文件讓使用者為了一個特別的主題而可以搜尋所有的資料庫。這樣的連結是更有效率的，並且可以使資料有更多新的組合和觀察。除此之外，超文件可以讓使用者同時將聽覺和視覺的材料加入這份資料中，舉例來說，包含學校建築和全體人員的照片，錄影帶記錄下的微小事件，訪談的錄音，甚至是電視播放的新故事。使用者可以藉由這些材料，結合特定被調查者的引用內容和相關聯的期刊文章作者，來分析資料和呈現出一份結合視聽的結果。這些材料可做成一捲底片、書、文章或報告，並且比一些已存在的研究花費更少的時間和更接近自己的需要。製作這份報告的研究者擁有更寬廣的途徑取得更複雜但有連結性且多樣化的資訊來源。超文件也允許研究

者用一種便於管理且合適的容量大小儲存大量的資料。Apple's Hypercard 是最早的超文件和超媒體的形式之一。然而，這個系統仍然在初期的階段。有關儀器相容性的問題依舊存在（K. Patton , SRI International , personal communication, 1988）。

　　民族誌學家一代接著一代傳承了田野的工作，他們並沒有享受到筆記型電腦和桌上型電腦所帶來的便利。然而，這些工具在許多學科中已漸漸變得不可或缺，而且只有少數的人類學者仍然不使用電腦來傳遞他們的研究。當然，電腦也有它的極限：它只能完全地接受使用者所輸入的資料。民族誌學家仍然需要利用眼睛和耳朵來決定要蒐集什麼資料以及如何去記錄它，就像如何從一個文化的透視來解釋資料一樣（註：想要獲得更多關於電腦在民族誌和定性的研究資訊，請參見 Brent〔1984〕；Conrad & Reinharz〔1984〕；Podolefsky & McCarthy〔1983〕；Sproull & Sproull〔1982〕；也可以參閱「Computer-Assisted Anthropology」〔1984〕，來獲得關於電腦在人類學研究上一些有用的討論）。

印表機

　　使用電腦不用印表機就像玩立體音響不用揚聲器一樣。使用者可以邊觀察，邊用各種方式輸入、編輯和操

作這些資料，並且儲存和不斷的修改資料。但是要分享
這些資料是困難的，除非有人願意坐在螢幕前來觀看這
些資料。印表機的選擇需要考慮到個人的需要和預算。
一台便宜的點陣式印表機是很適合於田野的筆記、備忘
錄、草稿和有草圖性質的資料。許多新的點矩陣式印表
機可以印出近似於信紙的品質。菊花瓣字輪（daisy
wheel）印表機也可以印出像信紙品質的資料，但是通常
比點矩陣式慢。小規模的出版業為了立即的傳播，就需
要近似排版品質印刷的雷射印表機了。這樣的品質在專
業的圈子中，像是學術團體、研究群、政府機構和商業
公會裡已經接近了最後完成的結果。

錄音機

　　民族誌學家通常傾向於將自己沉浸於田野之中，喜
歡和人群工作更勝於和機器工作。任何一種可以使民族
誌學家從記錄的裝置中解脫的工具都是受歡迎的，不管
是紙、筆或是筆記型電腦。錄音機讓民族誌學家不須擔
心要操作記錄儀器而導致注意力分散，因此可以從事長
時間的非正式訪問。當民族誌學家進行著自然的談話流
程時，錄音機可以記錄下長時間的逐字內容，這是一個
好的田野工作的基礎。錄音帶可以一次又一次地分析。
然而，當田野工作者使用錄音機時頭腦應該要清晰並且

得到對方的允許。

　　錄音機可能會使人在訪談時無法自由的說話。人們可能會害怕遭到報復，因為他們的聲音在錄音帶中是可以辨認的。民族誌學家必須向這些擁有機密資料的人們提出保證。有些時候，過一會兒慢慢地才將錄音機拿出來使用可以避免緊張。我通常一開始先用筆和紙，然後才問說我是否可以換成錄音機，因為我寫字的速度不夠快，沒辦法把每個字都記錄下來。當我們談到一些敏感的話題時，我也會把錄音機停下來。任何會威脅到民族誌學家和受訪者間關係的行為都要避免，而這就有賴民族誌學家的敏銳和誠實了。

　　錄音機通常也可以用來打破僵局。在一些場合裡，我錄下學生們的歌聲，然後在請問他們有關學校下課後的事情之前先重複播放一次給他們聽。在對群體訪談時，我一向都是先請學生們對著錄音機講過一遍，然後假裝他們是名人似的對他們做錄音的介紹。這個方法常會使他們渴望參加討論，並且使他們在錄音機前更自在。這樣也可以讓我在離開此地許久後仍然能夠正確地辨認出每一個受訪者講的話。

　　然而，錄音機仍然有些看不到的花費。謄寫錄音帶就是一個亟需時間並且冗長乏味的工作。聆聽錄音帶需要花費和原始記錄相同的時間。而謄寫錄音帶則增加了另一種時間的消耗。一般而言，田野工作者在編輯錄音帶時，只謄寫最重要的部分。假如經費足夠的話，一位優秀的謄寫者可以除去這些重擔。這位謄寫者必須很熟

悉錄音帶中的人物所使用的語言、方言和俚語等；而且必須知道記錄下那些聽不到的部分，而不是只是去解釋；另外還必須用一種中立且前後連貫的態度來謄寫。最初一位替我謄寫的人對黑人慣用英語非常熟悉，她本身就是一位黑人，來自一個中低收入的家庭。不幸的是，她相信黑人的家鄉英語是低格調的，並且不想讓這些低社會階層的黑人學生呈現這種她覺得是一種負面流行的語言。結果，她潤飾了他們的對話，使這些對話看起來像是社會中間階層的語言。因為我曾經進行這些訪談，並且客觀地了解這些學生，我立刻就發現了這個問題（假如我只是需要這些資料的其他效用，我就沒有必要解釋我遺失了關鍵的資料）。隨後我解釋了為什麼我需要逐字地謄寫。然而，這位替我謄寫的女士仍然刪除了這些學生所說的粗話。最後我必須再去尋找一位更適當的謄寫人。因此在民族誌研究中，謄寫人仍舊佔有關鍵性的地位。

相機

相機在民族誌當中佔了一個特別的地位。它可以當作是一個「開罐器」，讓人可以快速地進入一個社會或班級當中（Collier, 1967; Fetterman, 1980）。在大部分的工業團體和許多非工業群體中，相機是一種眾所皆知的

商品。我使用相機來幫忙建立和人群立即熟稔的關係。相機可以拍出一些照片，而這些照片對一些主觀的技巧或工具本身有很大的作用。不過，它們在用來證明田野的觀察是最有用的。

　　相機記錄了某一時間的人群、地方、事件和環境。它們讓民族誌學家製造出特殊行為的影像記錄。在研究輟學生計畫的期間，我記錄了學生們隨著態度改變而導致的衣著改變。相機可以捕捉朋友間心領神會的時刻，或者對照出一些小孩子在大熱天裡快樂地在消防栓所噴出的冷水中跑進跑出的情景，而這情景是發生在一些貧窮、破產的城市中，或是骯髒的出租房屋中，或是雜亂的街道中。在這個輟學的研究中，我記錄到了龐大的物質上的對比，也就是懸殊的經濟上差異的證據——在紐約的曼哈頓區（Manhattan）和布魯克林區（Brooklyn）之間：華麗的聯合國大樓（United Nations building），聖彼得大教堂（Saint Peters Cathedral），卡內基廳（Carnegie Hall）之間並列著一些過氣的建築物、有著碎石堆、塗鴉、垃圾、碎玻璃、毒品巢窟、黑市交易和聖靈降臨教派的小教堂的街區。如同 Collier（1967）所解釋的：

　　　　攝影在觀察中是一種正統的摘要過程。它是精鍊證據的第一步，而精鍊證據是回到資料的原始情況使其在研究分析時易於管理。攝影在材料的真實性上可以做精確的記錄。它們也是可以被

歸檔和交叉存檔，就像可以動態描述的文件一
樣。攝影的記錄可以在視覺方面無止盡的複製、
放大或縮小，以切合許多的圖解和圖表，如此可
藉由科學的研判利用於統計學的設計上。（p.5）

　　我利用了三年的時間拍下了一棟建築物每一個可以
看見的地方來記錄一個城市深處鄰近地區的衰敗。這些
照片生動的說明和表現「縱火」這個日漸成長的問題。
這些文件和一些田野工作夥伴的筆記比較中特別有用。
在這個研究中，我和另一位研究者對於我們在鄰近地區
的意見描述有些分歧。其他的觀察者認為這個地區還在
一個合理的狀況之中，可是我認為這裡已經嚴重的衰敗
並且繼續惡化當中。然而，我的同事則一如往常的直接
搭計程車到學校，並沒有花時間在這些鄰近地區上。我
則特別重視在到達學校之前，要花許多時間在這個地區
上。以作為記錄而言，我的相片是令人注目的。這些照
片被歸類，並且在每張照片之間以及地圖的位置上作交
叉的參考，此外還根據隨著時間衰敗的嚴重度來製成表
格，於是不同的意見便很快地消除了。

　　攝影是一種記憶的裝置。在分析和寫作的時候，相
片和幻燈片可以記下大量田野工作者記不得的細節。藉
由最初捕捉的文化場景和片段，照片可以允許民族誌學
家再回來解釋這些事件，並且製造僅有的第二次機會。
還有，相機常常會在底片上抓住一些人類眼睛沒有注意
到的細節。雖然相機是主觀眼睛的延伸，但它也可以是

一個客觀的觀察者，不需依恃田野工作者的偏見和期望。一個影像的記錄可以提供一些當時田野工作者所沒有注意到的資訊。照片和幻燈片在教室裡和廣告客戶的會議室裡都是絕佳的教材。在教室裡，幻燈片可以具體的使學生熟悉他們沒見過的其他世界，並且對於證明特殊的方法和理論是有用的。幻燈片對於教育研究的贊助者也是有用的。行為和位置的代表照片可以是令人注目的。我的「城市深處」幻燈片——一個輟學計畫的背景——給了基金會一個深刻的印象，在測試分數和描述上有了更深遠的影響。贊助廠商可以體會的更清楚，並且了解這間學校必須克服萬難繼續經營下去。他們隨後可以領會到在學校中，學生在考試成績中所獲得的和失去的。

標準的田野攝影配件包括一台 35 mm 的 SLR（反射式單眼相機）、一隻鏡頭和幾捲底片。性能優異且多功能的 35 mm 相機是容易取得的。我使用的是一台小型輕便的相機，它有相當安靜的快門，所以在一些場合才不會顯得突兀。人像鏡是足夠滿足大多數田野工作的需求的。望遠鏡頭（為了遠方的物體）和微距鏡頭（為了求得相當靠近主題的照片）也很有用。高感度的軟片（ASA 值 400 到 1600）也可以在一些場合避免使用會令人感到突兀的閃光燈。不幸的是，高感度軟片的放大會呈現出顆粒狀。若是一定要放大的話，用低感光度的軟片則是最好的選擇。

田野工作者應該選擇合適的器材來契合自己的測

試、個人的能力和專業技術。至於其他種類的配件也是很容易取得的，從三腳架、閃光燈到一些發展中的器材。然而，選擇器材的目的是要滿足自己田野工作的需要，而不是要造成自己一些技術上知識素養的不足。只要小心的保養，一台現代的相機通常都能夠使用一定的時間。工業技術的發展會持續地使攝影進步，但是並不會使相機的運用在田野工作上變得落伍。

相機使用於田野工作上也是需要得到允許的。有些人對於被拍照會感到不舒服；有些人則是不願意被拍照。我在以色列工作時，有許多團體有宗教上的理由不願被拍照，其中包括害怕靈魂會被吸走。這個問題含有個人的隱私在內，民族誌學家在跟人們的接觸中可能會進入他們的生活，但卻不應侵犯到個人的隱私。攝影通常是一種侵擾。人們通常會自我意識到他們自己的表現和關心他們的照片會如何地在哪裡被看到。通常只要當事人口頭上的允許通常就足以拍照了。然而，若是要將照片公開在公眾場合展示，則需要書面的允許。雖然擁有口頭或書面的允許，民族誌學家還是要運用判斷能力來選擇一個合適的展示場地。

相機也是有它的問題的。不適當的使用相機可能會惹惱人們、破壞密切的關係和降低資料的品質。相機也可以曲解事實。一個技術好的攝影師懂得運用角度和陰影來誇大一棟建築物的大小或者削尖一個人的臉蛋。同樣的技巧可用來製作一張曲解個人行為的照片。舉例來說，許多的惡作劇原本只是模仿肢體上的侵略，但若在

適當的時間和角度按下快門，就容易讓人聯想到這是真正的暴力行為而不是原本的惡作劇。若除去了一個事件前後的關係，照片就像文字一樣地會令人迷惑。田野工作者必須小心地拍攝人們的行為，就像小心的記錄訪談後的評論和利害關係那樣。在照片和幻燈片變得有意義之前以及民族誌學家可以做一個正確和有系統的模式記錄之前，時間對田野工作者而言是必須的。

攝影可以幫助觀察者了解一個文化的模式，但在這個文化的基本原則和規則被理解之前，只具有初步的概念時，是不應該用任何方式來描繪它的（註：企圖曲解，就像不適當的拷貝和負面的變更，都是不理會事實的證據。參見 Becker〔1979〕可得知攝影的絕佳討論和對正當性的威脅。也可以參閱視覺人類學期刊《Studies in Visual Communication》）。

攝影機

攝影機的記錄在小型的民族誌研究上是相當有用的。民族誌學家通常有片刻的時間來表現出手勢、個人的姿勢或是步伐的姿態。攝影機提供了觀察者可以凍結時間的能力。民族誌學家可以用攝影機錄下一個班級，並且一遍又一遍地播放，每次都可以從老師對學生、學生對老師和學生對學生之間，發現新的意義層面或非肢

體的訊息。因此視覺和肢體的溝通模式就會隨著時間越來越清楚。

　　幾年前，我和一位同事利用攝影機負責一項兩個高中班級歷史課的研究。一個班級明顯的是由一些中、低收入階層家庭的學生組成；另一個班級則是相同的老師，但主要由白人中、上階層家庭的學生組成。我們在教學的形式上和教室的氣氛上觀察到了顯著的不同；在我們使用攝影機之前，要爲這個不同來建檔是相當困難的。這捲錄影帶幫助我們理解兩間教室裡所發生的事情。使用攝影機之後，我們可以辨認出老師慣於徵求意見或大吼要學生閉嘴等的特殊行爲。這捲錄影帶也幫助辨識出老師對學生微妙的暗示。

　　攝影儀器在小型的民族誌研究中是必要的。警衛看門（gatekeeping）的程序（Erickson, 1976）和教室裡的派別關係（McDermott, 1974）都是複雜的社會情況元素，而田野工作者可以用攝影機將它捕捉下來。然而，田野調查者必須先清楚地知道要拍下的資料所具有的價值，再來比較儀器的花費和所需的時間長度。許多民族誌的研究在社會寫實方面都沒有用到細膩的影像。除此之外，使用攝影儀器的花費也是很重要的考慮，例如相機、攝影機和錄放影機的花費。這些儀器是相當突兀的。即使花了不少時間在這兩個班級的歷史課上，不管有沒有用到這些儀器，我們都因爲相機的關係而得到了許多的鬼臉和故做的姿態。

　　使用攝影儀器最危險的就是目光狹窄。理想上，民

族誌學家最好能夠長時間研究這些社會群體，這樣才知道焦點在哪裡。民族誌學家在決定焦點要放在哪裡之前，需要幾個月的時間來培養對特殊行為合理清晰的觀念。攝影機可以將焦點對在某一特定的行為上，而將教室裡其他的行為排除在外。如此一來，民族誌學家也許對特殊的教育機制有清楚的解釋，但對於其在課堂上所扮演的真正角色並不了解。除此之外，這項技術會加重一個問題，也就是看見我們所不想要看到的：在這歷史課的研究當中，我在教室的後面攝影，記錄到了學生們傳紙條、睡覺和一名學生在教室前面做騎馬的姿態跑來跑去的情形。我的同事對他做的筆記和我的錄影帶做了比較，並說在相同的教室裡，他記錄到了一樣多的學生，但卻是專心在上課。這樣交叉的檢查和其他技巧，就像請老師或學生重看一次這捲帶子一樣，有助於修飾和確認我們的結果是有效的。然而，這個經驗也提醒了我們，讓我們知道在錄影的情形之下，我們會多麼容易變成什麼模樣，這是在照片中所看不到的東西。而經驗告訴我們方法來減輕這些問題的嚴重性，例如，週期性地左右轉動攝影機的鏡頭以避免一些無心的過度對焦。

電影

電影的使用在民族誌的研究上還很少見。在民族誌

裡，電影主要呈現出來的是文化群體結果的畫面；而不是研究者用來安排畫面的工具。和製片者、編劇一樣，電影所需的專業技術和花費都是要強調的重點。

民族誌影片的需求是精確的，從正確的連續時間到事件記錄的確實性。Heider（1976, pp.46-117）製作了「民族誌」的度量來評斷民族誌的影片。這影片的特性包含了許多的變因，如民族誌的基礎、有關印刷的部分、所有的行為、所有的人物、牽強附會的說明、技術能力、合宜的敘述、民族誌的呈現、發生事件的環境背景、所有的人群、電影製作的扭曲（時間和腳本）、不受注意的行為扭曲、故意的行為扭曲。大多數的民族誌學家還是同意，民族誌的影片仍然需要書寫草稿或民族誌的補充，而且補充比代替要好得多（註：若要獲得更多有關使用相機、攝影機、電影製作的資訊，見 Bellman & Jules-Rosette〔1977〕；Collier〔1967〕；Erickson & Wilson〔1982〕；Hockings〔1975〕）。

在這個章節裡對於研究民族誌的工具所作的簡短回顧並不十分徹底。舉例來說，許多含有電腦設計的工具提供了物體三度空間的畫面，甚至可以讓人類學家進行太空的探索。然而，在這裡討論的工具都是民族誌學家在田野之中最常使用到的。作為提升民族誌學家的敏銳度和能力，這些工具可以使困難的分析工作變得容易，而這些分析工作也是下一個章節的主題。

5

走出資料森林：分析

　　我到森林裡去，因為我希望能夠從容地過生活，只需要面對生活中的基本事項，並且試著去學習它所要教導給我的東西。

—Henry David Thoreau

　　分析是民族誌裡面一項相當可愛、有趣的特色，它是從田野工作者選定研究主題的那一刻開始，直到整份報告或民族誌的最後一個字結束為止。民族誌涵蓋了許多不同層次的分析，有些是簡單而非正式的，而有些則是需要統計學上的知識才行，民族誌的分析是反覆建立在貫穿整個研究的思想觀念上，在田野中的資料分析使民族誌學家能夠精確的了解接下來要用什麼樣的方法，以及何時、如何使用這些方法。分析考驗著假設和洞察

力，並建立一項概念上的架構，使我們從研究中了解到底社會團體中發生了什麼事情。民族誌的分析對於資料本身和民族誌學家而言都是一項考驗。

田野工作者必須從一堆雜亂的資料、理論、觀察和失真當中找到一條適當的路，在經過了漫長而辛苦的分析之後，田野工作者必須做個決定，選擇合乎理論邏輯還是純粹動人誘惑的方式；選擇確鑿有根據還是毫無根據但卻迷人的資料；行為上真正的模式還是一系列外觀上相似但卻個別有所差異的反應。選擇正確的方式需要判斷力、經驗、直覺以及對於整體或細節事件背景的注意。要穿越「分析」這一片雜亂森林的最佳嚮導就是立刻擁有一套顯著而綜合的戰略，也就是清楚的思考。

思考

首先，分析要將資料處理得有意義而且有用處，這對民族誌學家的思考能力而言是一項考驗，他們要面對一大堆複雜的資料而且必須要一一去理解。

在分析的起始階段包含了簡單的認知了解，然而這也是具有選擇性的。民族誌學家將所有的資料一一地篩選出來，由於他們個人的喜好和學術理論的分類，使得他們調查研究的範圍和焦點有所不同，然而由於所呈現出來的資料太多，以及了解到人們每日互相地影響，因

此基本的思考技巧就變得和民族誌的觀念和方法一樣重要。

　　將焦點專注在相關且容易處理的主題是有必要的，而且這可藉由分析單位的調整來達成，接著田野工作者必須藉由比較、對照資料來探索這些主題，試著將一些問題用這些資料來分析，自始至終就最適當、最合理的解釋不斷地提出假說。

　　許多有用的技巧可以幫助民族誌學家理解這些資料，像是多方檢證、使用需要電腦主機的統計軟體……然而這些技巧需要完善的思考能力以及大量知識，其中最明顯的便是綜合和評斷資料的能力了。

多方檢證

　　多方檢證（triangulation）是民族誌研究的基本要件，它檢驗一項資料來源的可靠性以除去其他的解釋並且進一步證實假說。傳統上民族誌學家比較各種資料的來源以檢驗資料和報導人的可靠性，並且更完整的了解每個人在社會中所扮演的角色，而且進一步地藉此展望整個情形。

　　在我進行大學輟學生的研究調查期間，學生們常常跑來告訴我他們的成績。有個同學告訴我他那個學期全都拿 A，我將他所說的話跟他的成績單以及向其他師長、

同學詢問的結果作了一番比較，結果發現他的成績的確是很優秀，但是他的態度有很大的問題——滿腦子裡想的只有成績而已，他一心只想追求好成績的結果，造成了他傲慢的態度，使得他無法與班上同學合作並且和睦相處。這項資料相當有用，使我明白了問題到底出在哪裡。在這個例子當中，多方檢證不僅證實了那位同學成績的確很好的事實，也讓我們了解了他在班上的狀況是如何，這一項資料在我們往後的交談當中相當重要，因為他所提供的資料讓我們很難用平常一般的調查方法去證實，而多方檢證在這個例子當中的附帶作用，則是讓我們完整的了解，這個學生在班上的相處情形以及全班同學對他的態度。

多方檢證可以適用在任何主題、任何層次以及任何情況當中，它對於中學生班上相處情形以及高等教育之行政管理單位的研究都同樣有效，竅門則是在分析時比較各種可以比較的項目和層次。在做高等教育機構的研究時，我通常將要分析的資料區分成許多個不同等級的小單位，例如學校、系所、研究室，接著我便挑選出在剛開始回頭檢視資料的階段時所出現的最重要、最值得關心的事項，然後將整個研究的焦點專注在這個事項上，並且藉由與相關人士的互動中去了解這些事情，於是我便可以證實一些假設，了解問題的另外一面，以及藉由不斷地多方檢證各項資料，使我對於如何進行研究調查的整體觀念能夠具體化，接著我便利用一項有關一位教師多方檢證的資料來調查一件有關於整個大學的事

情。

　　有一位教師抱怨他的研究室在兩次研究經費通過之間的空檔因為缺乏經費而無法運作，於是我便去翻閱過去的書面審核記錄，並且和其他幾位主要的研究者面談以了解他們對這件事情的看法，而我也和行政單位的職員聊過，知道他們在這一件事情上面所做過的事，最後綜合各方資料顯示了那位教師所表達的是一種一般教師普遍擁有的憂慮。研究經費的缺乏最直接的影響便是研究者無法持續進行研究計畫，由於研究計畫的主持人沒錢給研究員，因而使得整個計畫不得不停頓下來。在比較了教師以及行政人員的抱怨之後，我發現研究經費對於研究室以及研究人員而言的確是一項相當大的問題，此外經由跟政府相關局處官員以及學校教務長的談話當中，發現其實這只是個公文上的問題而已，由於官僚體制的架構，使得在申請研究經費時遭遇了一些延誤，因此問題的癥結在於如何掌握公文的流程，使之不會延誤，而不是在於討論缺乏經費時該怎麼辦，這兩種情形之間的差異是很大的，在大部分的情形下，研究室的經費最終都會直接撥給研究計畫的主持人，那所學校的校長說他已經知道了這件事並且設法在解決，然而不幸地，他從未和其他人討論過這件事，包括了研究計畫的主持人，因此研究計畫的主持人和他的研究員們一直在擔心一個實際上根本只是公文問題的煩惱。另外一項從這個三方鑑定中所浮現出來的問題則是缺乏溝通，不論是學校內部或是學校和相關政府單位之間，大家彼此都

不知道別人做了些什麼，因此如同多方檢證原本確認資料正確性的作用一樣，其附帶作用也是相當有用。

多方檢證可以改善資料的品質以及民族誌調查的正確性，在針對急診室的研究當中，多方檢證對於澄清誤會是相當有幫助的。曾經有位某科別的主管在談話中抱怨他的一位住院醫師說：「如果你想要找個騙子的話，那 Henry 是你的最佳選擇，他領的錢是別人的兩倍，但是分內的工作常常只做一半而已。」這是一項應當可以信任的資料來源，然而我覺得奇怪的是以他在這個醫院內所擔任的角色而言，他居然沒有對這件事做出任何行動。很幸運地，有一個人無意中聽到了這位主管的抱怨，於是隔天便把我拉到一旁偷偷告訴我說：「我想你應該知道 Henry 是我們醫院內的一位好醫生，那位主管這樣說他壞話的理由是因為 Henry 現在正在跟他的前妻約會。」在翻閱了過去的記錄、詢問過了一些醫生、護士以及觀察到那位主管的前妻在 Henry 值班後都會來接她下班之後，這個人所說的話也因此得到了證實。在這個例子當中，無意中發現的意外收穫以及有系統的多方檢證對於提供事實、了解真相是相當重要的。

其實在談話當中就很容易做到多方檢證，然而民族誌學家必須對於整個事件背景有細心、敏銳的觀察才能夠確認、鑑定。最近一項在華盛頓特區內舉行的會議討論中，與會的校長們也都同意這項看法，有一位管轄範圍相當大的教育主管對於為何學校的大小和教育上的好壞並沒有什麼差別提出看法，他說在他管轄範圍內有一

間一千五百人和一間五千人的小學是他最引以為傲的，然而這兩間學校在治校理念、教育方法甚至於他的管理方式上並沒有什麼差別，他同時也提到明年打算成立兩到三所新的學校，可能是三所小型學校或是一所小型學校和一所大型學校，這時有一位同事問他說他比較喜歡哪一種，他回答說：「當然是小型學校囉，小學校在管理上比較容易。」這句回答事實上已經將他自己最真實的想法表露無遺，雖然行政單位普遍認為管理就是管理，即便學校大小不同也沒有什麼差別，但是這位教育主管卻有著與一般人不一樣的個人看法。像這種以自己所說的話來支持或推翻自己先前的立場的自我多方檢證形式，對於內在的確認是相當有用的方法，可是稍後他的長官卻批評他的說法，他說小型學校內的學生常常抱怨他們缺乏活動空間，而且大型學校內的資源比較多。這件事情提供我們對於區域宇宙論（district cosmology）的另一項觀點，雖然人們對於理想的學校大小有著不同的看法，但是這個爭議問題也常常成為大家關注的焦點，不論是學生還是主管機關，而像這一類的資料則幫助民族誌學家能夠了解一般民眾的想法及需求到底是什麼（可參見 Webb 等人〔1966〕對於多方檢證更多詳細的討論）。

模式

　　民族誌學家尋找思考及行為上的方式，也就是一種民族誌上的可靠性，他們常常可以在不同的情況下看到不同的人思考及行為上的方式，尋找這種思考、行為正是分析的方式之一。民族誌學家往往是從一堆雜亂無章的想法及行為中開始，接著蒐集資料，比較、對照這些資料，然後大致地整理分類，直到出現合適的想法為止。接著民族誌學家就必須要觀察，將他所觀察到的東西與還不夠完善的模式作一番比較，除非有規則出現，不然可以發現許多關於主題的變化，這些變化有助於為所做的事情下定義並且闡明其意義，然而這過程需要更進一步的詳查細究及分類以便能夠在各種不同的範疇間做更適當的配對。最後這主題會浮現出來，並且包含了那些模式（從事實所分離出來）和所觀察到的事實相配對的部分。

　　所有文化團體有關思考和行為的方式都是交織混合在一起，當民族誌學家完成分析並且認同了一種方式之後，另一種方式便會出現，於是田野工作者便可加以比較，事實上民族誌學家是好幾種方式同時進行。當民族誌學家將概念提升時便可以很快地了解越多，他們混合、配對這些方式並且按部就班的建立起理論來（參見 Glaser & Strauss〔1967〕對於基礎理論的討論）。

　　如果觀察一個中產階級家庭的日常作息可以發現好

幾種方式，夫妻兩人每天去上班，將小孩寄放在托兒所內，他們固定地每個月領薪水，固定地在週末前往採買生活用品……。

綜合這些初步的行為方式成為一個有意義的整體模式將使得其他的方式更加突顯出來，譬如一個雙薪家庭的壓力和負擔、強調組織和計畫、經常性的無意識活動以及許多其他的行為和習慣都變得更有意義、更容易了解。觀察者可以藉由分析這方式本身以及這方式內的行為，對於整個經濟體系做一個初步的推論。民族誌學家們應該由觀察和分析日常生活方式來對於一種文化有更深一層的了解和欣賞。

關鍵事件

在每個社會團體當中都可以找到一些關鍵事件讓田野工作者可以用來分析整個文化，Geertz（1973）曾經用鬥雞來了解和描繪巴里島的生活。關鍵事件以許多不同的型態出現，有些可能對於某一文化包含的較多，但全都對於分析有所幫助（Geertz, 1957）。

關鍵事件就像是快照或錄影帶一樣，具體地傳達了大量的資訊，有些影像清楚地呈現出社會活動，有些則提供了許多隱含的意義，一旦事件記錄下來之後，民族誌學家便可以放大或縮小影像的任何部分。民族誌學家

藉由對於社會現象的初步了解可以從關鍵事件中推論出許多東西來。在許多例子當中，這事件是一種生活方式或是特殊社會價值的隱喻，關鍵事件提供了一扇窗，讓我們可以藉此觀察各種文化，包括了慣例性的安息日宗教儀式、緊急事件的反應、以色列小型集體農場內的失火事件……等，安息日是固定每週都會進行的關鍵事件，儀式的服裝、參與者吟唱的聖歌以及跟隨著禮拜而來的社交活動提供了宗教生活在文化上的一項扼要描述。火災是一項可以強迫民族誌學家去觀察、分析和自發性行動的關鍵項目，然而參與其中的觀察者也有相對的義務、約束，比較理想的態度是僅僅去觀察、記錄到底發生了什麼事情，但是置身其中卻也有幫忙滅火的道德上義務，然而這兩種義務並非不能同時存在的，民族誌學家根據危險程度、與這群人相處的經驗以及在那種情形下的行為標準來決定適當的參與程度。如果是在小型集體農場的一場火災，則可以看見所有人都跑出來，在先進的滅火設備抵達之前提著水桶排成一列幫忙滅火，上述的這種情形提供了我們一些觀察、分析，像是在火災現場很明顯的有一位非正式的領導者帶領大家滅火，而這事件也正考驗著整個社區的團隊合作，這群滅火者的技術成熟度是他們知識水準、價值觀、經濟狀況以及和社會上多數人相處情形的重要指標。而其他較少發生的事情，像是婚禮、喪禮以及成人禮也提供極佳的深入分析的機會。

在現代辦公室內典型的關鍵事件就是電腦的使用，

在這些情況當中人們將社會生活中隱藏的特點表現出來，經由行動和公司的章程使得正式和非正式的階級組織變得更加明顯。該由誰決定哪些人可以擁有電腦？哪些人會忽視電腦的功能反而將其視爲地位的象徵？不懂得如何使用電腦卻得天天與它爲伍，這種隱藏的緊張不安在這關鍵事件中一一的顯現出來，觀察一下恐懼電腦和欣然接受它的人之間的對立情形、員工們是如何去接受或是排斥電腦以及電腦是如何改變團體的社會力量，將是一項累人但卻深具意義的工作。

在一場籃球比賽中 CIP 的位置發生了打架事件，表面上看來，這關鍵事件指出了社會大眾以及時機的反覆無常，更深一層來看則顯示出團體的社會力量。打架的兩人當中，其中一人已經在球隊裡待了一段時間，而另一人則是新來的，新來的人威脅性的表示他們將接管這項制度並且不再採用，而原本的成員則是極力保護這項制度，由於球隊就像是一個大家庭，因此採取了雙方都能夠接受的方法來保護這項制度。打架事件在雙方之間就像是大型保衛戰裡的小事件，而它也被視爲是一種進入制度前的儀式，尤其是老球員表現出來的忠心對新來的成員所傳達的訊息遠遠超越了打架本身所代表的意義。

關鍵事件在分析上格外的有用，它不僅幫助田野工作者了解一群社會大眾，更可以讓田野工作者藉此向其他人解釋這群人的文化背景，因此關鍵事件可說是文化上的一種隱喻，從關鍵事件裡可以顯示出在田野工作中

參與、觀察和分析是如何地密不可分。

地圖

　　視覺上的呈現在民族誌的調查研究中是一項相當有用的工具，畫出整個社區的地圖可以考驗民族誌學家對於這個區域自然規劃的了解程度，同時也可以幫助民族誌學家設計出一個整體的計畫。如同寫作一樣，地圖的製作可以強迫民族誌學家做摘要，並且將實際的狀況轉變爲記錄在一張紙上，在繪製的過程當中也使得觀念、相關組織更爲明確，同時也能了解並提出新的調查方法，因此地圖、流程圖和矩陣，都可以幫助民族誌學家將所有的資料更明確地顯示出來。

流程圖

　　流程圖在生產線運作的研究中相當有用，在研究圖書室裡有計畫地記錄一本書上的去向，這樣有助於了解整個系統。我們在評估社會福利制度時也常常使用到流程圖的概念，同時繪製資料相關性的分析過程，也可以視爲是附帶討論的開始。

組織架構圖

　　繪製一項制度、部門、研究室或是以色列集體農場的組織架構圖也是分析時相當有用的工具，就如同繪製地圖或是流程圖一樣考驗著民族誌學家對於整個系統的了解，不管是正式或非正式的組織架構都可以藉由畫成圖表來加以互相比較，此外，當人們加入或離開組織以及在組織內升遷時，也都可以從此架構圖內看到其中的改變，組織架構圖可以讓人們很容易明白在人類社會中所建立的各種組織的結構和功能。

矩陣

　　矩陣（matrices）提供了一項簡單、有系統性、以圖示表達的方式來比較、對照資料，研究者可以比較同時前後對照各類資料以勾畫出一些行為或思想類別的輪廓，而矩陣也幫助研究者發現資料中所浮現出來的方式。

　　在我進行政府贊助的藝術節目之研究的第一階段期間，矩陣的架構對我而言相當有幫助。藝術節目分成好幾類，像是音樂、舞蹈、戲劇、繪畫以及雕刻等，這些分類在統計表上成為一個個直立的標題，而橫排的部分

則是一行行其他的分類，像是地點、規模、資金、財團以及其他相關的變數，根據這樣的一個表格，我很容易就可以從表格中的某一格內找到所想要的節目，這樣的一項舉動使得我可以很容易地看出各項節目之間的不同之處、各類別的節目形式、區域分布以及其他許多珍貴的資料。此外這些資料也幫助我從人群中篩選出比較小群的分層樣本來做更進一步的田野調查工作。

同樣地，矩陣也幫助我在進行輟學生的研究時可以由不同範圍確認出一些主題，在表格當中的適當位置也可以找到所需的資料，藉由根據學年度來設計矩陣使得我可以記錄這些隨時間而產生的改變，研究者可以藉由徒手或是資料庫軟體的協助之下在紙上或是統計表上設計出矩陣來（Miles & Huberman〔1984〕詳細呈現了矩陣在質化研究中的使用方法）。

內容分析

民族誌學家以幾乎相同的方式來分析手寫資料以及電子資料，事實上可說幾乎是在分析他們所觀察到的行為，他們會多方檢證所記錄到的資料以測試資料內部的一致性，並且試圖要在主題當中發現一些模式以及在已出版的記錄當中尋找關鍵事件。

輟學生的相關研究有大量的書面資料可供參考，像

是教學輔導手冊、行政管理準則、研究報告、報紙社論、雜誌文章以及數以百計的非正式記錄，內部文件也經過特別的詳細審查，以確定它們是否和計畫的概念想法具有內部的一致性，參考的結果顯示了一項重要的模式，譬如說，宗教在這些計畫裡的角色就是相當明顯的。在相關文獻裡面也提到這計畫要歸功於「宗教領袖的直接參與」，在租賃協議當中也常常會指定一間教堂來從事收容的工作，而組織的領導者本身就是個牧師，因此所寫的信也充滿著牧師的口吻。

　　同樣地，在研究過計畫的公開文件以及經過每日的觀察之後便可以很容易地抓住計畫的概念和想法，這計畫主張白手起家、中產階級並帶有清教徒嚴謹道德風格的生活態度，按慣例在計畫的小冊子裡有一些參考資料，像是「工作倫理」（the work ethic）、「成功的個人責任」（individual responsibility for success）、「行銷技巧」（marketable skills）以及准許褫奪公權的人（the disenfranchised）「要求在經濟大餅裡分一杯羹」（claim their fair share of the〔economic〕pie）。在許多例子當中，我將這些句子都記錄下來，以確定它們在這主題裡出現的頻率有多高，我常常根據出現的頻率以及上下文之間的關係，來推論某一個觀念在這個主題裡的重要性，這計畫出現在雜誌的文章、社論、以及非正式文件裡的關鍵事項，像是慶祝公民權的立法以及反法庭歧視的案例、種族衝突以及少數民族的事件，在這些事情上組織的官方立場說明了基本的政治價值觀。

民族誌學家可以將由電子媒體中所獲得的資料和手寫文件相同的方式來分析，因為這些資料通常都是在資料庫或是磁片裡，因此很容易就可以轉移到資料庫當中，如果要大範圍的修改便十分方便，像是分類、比較、對照、總計以及綜合等。在我接受高等教育時，絕大多數的內容分析都是在與電腦連線上或是經由下載到資料庫內發生的，經營管理的理念很容易就可以由線上會議、預算爭議以及政策說明當中獲得了解。如果稍微回顧一下某一個部門的預算，就可以對這個觀念獲得一個重要的訊息：人們會將錢放在他們所關心的地方。如果把內容分析的資料以及訪談、觀察的資料相互比較，將會深深地影響到結果的品質。

統計

　　由於民族誌學家通常研究的樣本族群都比較小，因此多使用無母數統計法（nonparametric statistics）而非母數統計法（parametric statistics），因為母數統計法需要比較大的樣本族群才能有統計上的顯著意義，而使用無母數統計法則是和多數的人類學家是相同的，人類學家通常是使用類別變項（nominal scale）以及序位變項（ordinal scale），類別變項包含了一些抽象的種類，像是性別、宗教信仰等，序位變項不但有抽象的類別而且

也包含了每一類別裡面變化的幅度，例如猶太教裡面改革、保守等正統的變化，然而序位變項不能夠確定更細分的類別當中的差異程度。

在民族誌的研究當中，Guttman scale （1944）是一項相當有用的序位變項，在對於傳統醫學治療所進行的調查研究中，我使用 Guttman scale 來圖示說明，整個社會當中對於現代西方醫學的態度由最能夠接受到最排斥的不同變化，經由 Guttman scale 的分數和一些變數像是年齡、教育程度、移民狀態以及相關的價值觀之間的關係發現了對於另類醫療方式（alternative medicating practices）的教育工具相當有興趣的人們，這項資料提供了一群目標族群以及對於有限的教育資源建議了一項有效率的使用方法，並且也重視到了那些對於現代西方醫學沒有興趣的人們的願望（Pelto〔1970〕對 Guttman scale 有更深入的討論）。

經由卡方測試（chi-square），在資優教育的計畫中可以窺見一項趨勢，那就是西班牙人在這項計畫中最具有統計上的顯著增加（Fetterman, 1988）。在人類學裡另一項常用的無母數統計方法便是費氏精密機率測試（Fisher Exact Probability Test），然而所有統計學公式在應用到實際狀況之前都必須先完成一些假設，如果在統計方程式裡忽略這些變異的話是很危險的，這就像是在進行民族誌田野調查工作時，忽略了在人為因素方面可比較的假設一樣，這兩種錯誤不僅浪費許多寶貴的時間，更嚴重的是會造成一些事實的扭曲與誤導。

當民族誌學家擁有很大的樣本數，並且沒有很多時間及資源來進行所有的訪談時便會使用母數統計法，然而進行全面的問卷調查研究常常需要對其顯著性進行複雜的統計學測試，因此民族誌學家也利用母數統計法所得到的結果來驗證這些假設，並且再確認他們的觀察以獲得額外的發現。

　　學生考試的成績是 CIP 研究中基本的一部分，研究計畫負責人想要了解學生們在參與這項計畫之後，他們的閱讀和數學能力是否有改善。在閱讀方面分數的增加具有統計上的顯著意義，在研究計畫負責人和民族誌學家的配合之下，這項資料顯得相當有用，而數學分數的增加雖然也具有統計上的顯著意義，但卻比不上閱讀分數增加的幅度那麼大、那麼驚人，這項特別的發現提供了民族誌學家一次獨特的機會與精神測定學家，以解釋說明的方式互相討論。統計學上的計算提供了一項結果，但是卻無法藉此了解背後的過程，民族誌的描述對於解釋爲何數學分數的增加不如閱讀分數增加來得顯著是相當有用的，而答案也相當簡單，因爲常常缺乏數學教學工作的人力，可是對於聘用以及負擔這些數學老師的費用也有困難，因爲這方面的人才往往供不應求。

　　測試的結果是傳統精神測定學方式的產物，包含了使用共分散（covariance）以及標準化（standardize）分析所得到的控制對照組資料，這項資料對於研究計畫負責人和民族誌學家都相當有幫助，並且對於進一步的調查和資料比較也提供了相當重要的焦點。

統計上的難題

　　統計學在民族誌學上的使用常常有許多的問題，當一項特別的測試需要用到假設時便是一項麻煩的問題，在推論統計學當中最常見的一項假設便是樣本是隨機選取的，民族誌學家多使用分層評估抽樣（stratified judgement sampling）而很少真正使用隨機選取的方式。當使用母數統計法時需要很大的樣本數，然而絕大多數的民族誌學家研究的族群都很小，專家知識和合適性的爭議將引起更進一步的爭論。

　　在許多例子當中，複雜的統計方法在社會科學尤其是民族誌中是相當不合適的，第一個判斷標準幾乎都是出在要用來解決問題的工具之合適性，第二個判斷標準則是應用時方法的妥當穩健性，而第三個判斷標準則是道德問題，要考慮在這個時機對這群人使用這種統計方式合乎倫理道德嗎？有關於倫理道德的問題將在稍後的第 7 章中討論。

　　就計畫或技巧本身而言沒有說一定是好或不好的，只能說在應用上是有用或沒有用、適合或不適合，使用實驗設計以及相關的統計方式來研究教育制度或是處理方式對於曾經是、快要是或者已經是輟學生（那些因為年紀太大或是太頑劣而導致學校不再管他們的人）的影響在概念上是完整、沒有錯的，從理論上來看，這種方式可以使計畫裡的學生在數學及閱讀成績方面展現一絲進步的希望（和對照組學生的成績比較之下），然而這

項實驗計畫的應用會造成一項複雜的統計結果，那就是絕大部分的教育制度在精密的方法論領域是不適合的。這項計畫的假設很少遇到，在傳統的實驗計畫多是採用雙盲（double-blind）的方式，一方提供處理，一方接受這些處置，而雙方都不曉得哪些人才是真正接受正確處理的人。可是在絕大部分的教育處理上，老師們知道自己本身是否有教育學生、提供協助，而學生們也很清楚知道自己到底是否有受到這個老師及整個教育體系的關心照顧，因此和雙盲實驗不同的是實驗組接受了積極的照顧，而對照組這些被教育制度拒絕的學生則是沒有人願意去關心，因此受到照顧的學生表現出了霍桑效應（Hawthorne effect），而不受人照顧的學生則可能表現出了約翰・亨利效應（John Henry effect），也就是儘管沒人看重他們，但他們更是要證明自己能夠做得很好，這些反應和混合的形式嚴重影響到結果的可靠性（Fetterman〔1982b〕對這項問題有更深入的討論；以及參見 Cook & Campbell〔1979〕）。

　　統計測量方法有另一項認知上的問題，雖然統計學證明的是相關性，而非因果關係，但是直到現在人們還是常常落入從統計上的相關性來推論因果關係的陷阱裡，然而正如同馬克吐溫所說的：「世界上有三種謊言：謊話、該死的謊話以及統計學。」一個有辦法的人可以竄改數字，使得統計資料變得對他有利，而偏偏有些人就是十分相信這些統計資料所代表的意義。由於科技的先進複雜，使得經由電腦處理的資料之可信度相當高，

經由電腦處理的統計資料若有錯誤的話，是相當麻煩而且不容易處理的，因為在發現之前，這些錯誤的資料已經在相關的資料庫跑了一段時間，而且相互抵消的力量或測試並無法輕易地補償這些整體性的問題。

　　以上針對問題簡要的討論應該不會使得有雄心壯志的民族誌學家覺得心灰意冷，民族誌學在實驗計畫、準實驗計畫以及相關的統計分析方面仍然有相當廣泛的應用空間，包括了複式回歸分析（multiple regression analysis）以及原因分析（factor analysis），（Britan, 1978; Maxwell, Bashook & Sandlow, 1986），這簡單的討論僅僅是強調，在民族誌或是其他的社會科學仍然具有一些錯綜複雜的統計分析存在（見：Blalock〔1979〕；Hopkins & Glass〔1978〕說明統計在社會科學中的用途）。

具體化

　　民族誌學家在其研究過程當中的各個不同階段將他的想法具體化，而在具體化的同時也帶來了平凡的結論、新奇的見識或是石破天驚的發現。具體化實際上就是將與研究相關，或是對研究重要資料的相同處匯集起來的結果，它可能是一個有趣的過程或是辛苦、無聊但卻是有系統、有方法的工作結果，這種研究型態必須注意到在誤差裡所有相關的變化，嚴重的錯誤可能會讓人

對研究調查造成誤解，甚至使整個研究毀於一旦，舉例來說，如果看到一長排開著車燈的車陣，全部都沿著同一條街往同一個方向前進，那麼大家可能會猜想這是一個送葬的行列，雖然說這有可能是真的，但卻也有可能會猜錯，因此由非正式的詢問或是更多的訓練，以及更詳細的觀察來得到更多的資料是必須的，譬如說確認在車陣中有靈柩車的出現或是向其中的某一個人詢問，如此一來可以使所做出來的結論更具可靠性，此外另一項重要的資料便是時間，想想看要是研究者是在晚上看到這開著燈的車陣呢？如果觀察者遺漏掉任何一項資料的話則這結論的可信度以及可能性便會降低，因此最好的方式便是親身參與這場喪禮，這樣對於結論或是具體化的概念便可增添許多的確實性。

每一項研究都有其最佳的關鍵時刻，也就是當所有的事情逐漸被理解之時，在歷經了數個月的思考以及沉浸在某種文化裡之後，所有的次標題，包括了小型實驗、多方檢證努力的層級、關鍵事件以及行為模式形成了連貫有條理的輪廓而且能夠令人相信到底發生了什麼事情。在民族誌研究當中最令人感到興奮的時刻，莫過於當民族誌學家發現某一項事實實際上並不如一般人所想像的那樣，也就是挑戰一般觀念的新概念，而這時刻是相當值得紀念的。在最近一項對於高等教育學術研究的行政管理單位調查中發現實際狀況和一般人所想的不太一樣，行政單位包含了兩個部分，各自服務校園內的不同部門，而管轄這兩個單位的共同主管則是計畫要將這

兩個單位合併。理論上來說，合併可以藉由淘汰冗員以及資源共享達到更高的效率，同時也曾經有人詢問過我對於這項計畫的看法，而在研究期間，我發現不只是這兩個獨立的單位，連同這兩個獨立的文化在學術研究的行政管理單位內，都存在著相當大的歧見。其中一個單位以服務代表的方式來服務教師，當一位教師有疑惑的時候，他的服務代表會解決他的問題，如果他本身無法解決的話，他會幫這位教師去請教其他同事，而不是讓這位教師逐一的去向其他人詢問，因此教師們只需要向一位行政人員詢問即可，而且這個單位的凝聚力很強，如果有必要的話可以幫忙別人做事，因此教師們都很滿意他們的服務。

另外一個單位則是根據功能所組成的，範圍則是從會計到接受贊助的企劃小組不等，然而裡頭的行政人員絕大部分都跟教師們處得不好，時有對立衝突的情形發生，他們所接觸的對象大都是教師的祕書和行政助理人員，此外，這個單位充滿了小團體而且常常發生內訌，其中最顯著的就是單位內老一輩與年輕一輩行政人員之間的衝突，老一輩的行政人員認為現有的工作方式已經延續了許多年，並且想要繼續持續下去；年輕一輩的行政人員則表現出對於新的工作方式的渴望，包括將許多事情電腦化。而學校內的教師則是相當不滿意這個單位的表現，當教師們有疑惑時，往往需要層層電話轉接才能找到真正負責這項業務的行政人員，此外，因為新舊不同立場的人往往不跟對方說話，因此衝突內訌常常影

響到工作的進行。

　　這兩個單位的人都知道可能要合併的趨勢，然而由於彼此間過去的嫌隙，雙方面都不想要合併。前一個單位害怕合併後會失去原本與教師們之間的良好關係，而此單位所服務的教師們也擔心會失去較佳的服務；而後一個單位則不喜歡前一個單位的工作方式，他們已經習慣於只做自己分內的事，並不想去了解其他同事的工作內容，更不用說是幫忙了，在他們的觀念裡，兩單位間不同的工作方式其實效率是一樣的。

　　當校長以及這兩個單位的共同主管詢問我對於合併的意見時，我向他們解釋說這兩個單位正處於組織架構上的十字路口，事實上有許多種組織架構都有辦法改善整體的表現，然而唯獨將這兩個單位合併是不可行的辦法，雖然理論上來說合併似乎是相當好的辦法，但實際上卻無法達到預期的效果，合併的結果只會增加原本雙方就已經存在的歧見並且降低整體的效率，而且會使得合併後的團體四分五裂，降低了服務教師們的能力。同樣地，要讓後者採用前者的方法也是會造成衝突歧見，甚至於他們還會將雙方的合作解釋為是對方侵犯他們、暗中監視他們。

　　我的建議是不管短期之內可以節省多少經費也不要將這兩個單位合併，而且我還建議採用服務代表方式的單位，應該繼續使用原本的方式持續下去，而以功能導向的單位則需知道它的組織編制是受到重視的，但同時它也必須要降低內部的衝突，並且與另一個單位能更加

和平共處。這兩個單位都同意我的說法並且也都接受我的建議，而這件事情的發展也說服了校長做出不將兩單位合併這種異於一般人想法的決定。

這項與一般人想法不同的決定是經由對於每一項文化以及其各種不同的次文化之詳細研究所得來的，多元的觀點提供了在嚴謹的科學研究上的一個大方向（見：Fetterman〔1981b〕所舉的另一個個案案例）。

在民族誌裡，分析並沒有單一的形式或步驟，多方的分析以及各種分析的形式是基本的，在民族誌研究過程中的任何一個階段都可以進行分析，包括了最初研究問題的挑選一直到最後的寫作（Goetz & LeCompte, 1984; Hammersley & Atkinson, 1983; Taylor & Bogdan, 1984），研究者建立某種程度的知識基礎，找尋問題、聆聽、探索、比較對照、綜合以及評估資料，民族誌學家在他們離開研究地點之前必須對資料進行複雜的測試，然而當民族誌學家真的離開研究地點時，便會產生一項正式、可認明的分析，在此階段有一半的分析包含了進一步的多方檢證、方式的篩選、發展新的矩陣以及將統計方法應用到資料上，而另一半的分析則是在最後階段民族誌的寫作時所發生。

i

6

記錄奇蹟：寫作

> 正確的言詞和幾乎正確的言詞之間的差異，
> 就如同閃電和螢火蟲之間的差異一般。
>
> ——馬克吐溫

　　寫作是一件不容易的事，要寫得好更是困難。民族誌在計畫的每個階段皆需要好的寫作技巧，研究計畫、田野記錄、摘要、臨時性的報告、總結報告、論文和書籍是民族誌工作裡有形的產品，民族誌學家可以和參與者分享這些著作以便確認它們的正確性，也可以和同事分享以獲得批評和尊重。經由參與工作和口頭上的溝通，民族誌提供了許多無形的東西。然而，寫作的作品不同於短暫的對話，必須經得起時間的考驗。

　　民族誌的寫作和描寫大自然是一樣的困難及充分，

從小事件、特殊的路標甚至溫度的簡單記錄，到努力地描述一個經驗或解釋一個突然的發現，民族誌的寫作都需要有能看清細節的觀察力、能將細節依其特有的背景表達出來的能力，以及可將具有意義的小細節和小片段組合成一個特徵顯著的社會組織的語言技巧。民族誌的寫作者必須將數個月的觀察和研究所顯現出來不同形式的社會組織和互動表達出來，每個文化所表現的五花八門象徵和人們對環境的適應也必須設法在記錄裡充分表達。

　　民族誌的寫作有著各式各樣的風格，從簡單易懂的到拜占庭式的。許多民族誌學家仿照他們所欽佩的作家來完成他們的作品，這些作家使他們的模仿能夠符合各種主觀和客觀的考量：語調、文章的脈絡、寓意、時間的限制和目的等等。結果，每個作者皆發展出一套文學的特色，隨著經驗而越來越清楚、越來越獨特。然而，所有的民族誌學家不管他們的風格發展得多麼好，都需要使他們的寫作能適應他們不同的特定讀者。而民族誌學家針對不同讀者的寫作能力將會決定工作的成效。

　　要寫出好的野外記錄是不同於寫一篇嚴肅的民族誌或根據民族誌情報寫成的報告，作記錄是最自然的一種寫作。通常這些記錄只有一位讀者，因此，雖然就作記錄來說，清楚、簡潔和完整是必須的，但格式卻不是主要的考量。

　　為了一個讀者而寫，即表示是寫給他看的意思。給學者、政府官員、私人或公營的企業職員、醫學專家和

各種教育計畫贊助者的報告需要不同的格式、語言和節略的程度。一份寫給一位計畫贊助者的報告也許會比較簡潔和重點式地說明所發現的事，但可能會使某些學者質疑此計畫的成果。同樣地，一份評論性的學術刊物可能會使計畫的贊助者感到挫敗，他們很可能會覺得研究者浪費他們的時間在沒有關係的事情上。本質上，學者和贊助者都覺得研究者沒有考慮到他們的存在。這兩種讀者都對田野調查和研究者的結論有興趣，但卻有著不同的需要和關心的事，好的民族誌工作常常能提出與兩方人馬有關的資訊。有技巧的民族誌學家會有效地與所有的讀者溝通，並對不同的人使用適當的方法（註：參考 Fetterman〔1987b〕，關於民族誌學家有如雄辯家的討論。並參考 Yin〔1984〕，關於針對不同的讀者來介紹一個研究的討論）。

　　寫作不但是一種交流的方法，同時也是分析過程中的一部分（Hammersley & Atkinson, 1983）。寫作能夠沉澱思考，當一個人在坐下來將想法寫在紙上的時候，他必須使那些想法變得有條有理，並挑出特殊的構想及關係。寫作通常能揭露出知識的漏洞，如果當這些漏洞被發現時，研究者仍在進行田野調查的地點，那麼就必須要有在調查地點的額外訪談和觀察；如果研究者已經離開那地方的話，那麼野外的記錄和電話的訪問則必須充足。當民族誌學家以一個特定的題目將數個月的想法具體化時，初期的想法往往在寫作過程中變得成熟。

　　從構思到總結報告的陳述，在寫作的階段中進行民

族誌的學習，而關於民族誌中一些劃時代事件的簡短回顧則強調了寫作在民族誌中的重要性。

研究計畫

　　民族誌學家的構想會在研究計畫中有第一次的表達。贊助者會根據所寫的計畫來判斷計畫的品質、所要研究問題的意義、研究方法及有關的分析和預算。問題的嚴重性和研究工具的複雜化可以用無數的方式來描述，然而，只有少數幾種方法可以順利地和其他夠資格的計畫競爭。贊助者是一群非常特別且重要的讀者，每一位贊助者有著特殊的標準、需求、規範、感興趣的題目和提供資金的能力，民族誌學家跟贊助者溝通的能力將會直接地影響研究的形式、氣氛和成果。

　　小心謹慎和深思熟慮的寫作可以確保贊助者和研究者之間的協調性。如同求職的面試一般，計畫是研究者與贊助者之間第一次的交流，他們必須迅速地決定是否可以一起工作，然後學著如何去做。一個設計嚴密的計畫可以將路徑標示出來給研究者和贊助者知道，而清楚直接，沒有贅詞、特殊用語、修飾的子句以及模糊、被動的措辭之說明可以使兩邊的人都弄清楚構想是什麼、所做的研究如何實現那些構想、誰將管理工作以及要做多少、做多久等。雙方彼此分享經驗和價值觀可以盡量

減少誤解、傳達不清及因而產生的緊張氣氛。模稜兩可的話會招致誤解和混亂，而不清楚的表達也可能使贊助者認為民族誌學家的思考是模糊不清的，因此寫作是一種可以使想法和計畫變得清楚的工作，同時也是一種自我表現的方式。

在民族誌的研究中必須要有計畫和先見之明，研究越是有組織就會進行得越順利，而研究計畫的語言文字和結構反映出作者的組織能力。另外，在研究計畫中，適當的計畫可以確保研究工作的重要項目能有足夠的時間和金錢。不適當的計畫則可能會導致這項研究在發表於各個有名的期刊之前就終止，也可能會導致這研究因採用一個沒有目標的模式，而像一艘鬆開纜繩的船一樣，浪費時間和努力。當研究計畫被採用，研究工作也有資金來源，而且訪談前的信件也準備好的時候，下一個重要的寫作挑戰便是做一份好的田野記錄。

田野記錄

田野記錄是民族誌結構中的磚塊和水泥。這些記錄基本上包括訪談和每天觀察的資料，它們在蒐集資料時構成了分析步驟的早期階段，並可作為以後更複雜的分析時所需的未經加工的資料。許多田野記錄的指導方針和技巧可用來幫助民族誌學家，然而最重要的定律便是

將資料寫下來。

　　田野調查使民族誌學家被資料、概念和事件給淹沒。民族誌的工作使人精疲力竭，也使得工作者會很想要停止記錄或在每晚要用打字機打出白天那些潦草難懂的文字時感到提不起勁。然而，記憶消失得很快，沒有記錄的訊息將會很快地被後來相繼發生的事給掩蓋，延遲過久的話，將會犧牲同步記錄所富含的立即性。

速記、象徵和記憶術

　　民族誌學家使用許多技巧增進他們在田野記錄事件時的準確性，例如，他們學習一種只寫給自己看的速記以用來快速記錄訪談內容。簡短的語句或關鍵字象徵了一個事件、一個影像或會話的一部分，而標準的縮寫和象徵符號也普遍用來幫助記錄，像是♀、♂、＋、＄等等。問號和驚嘆號是一種方便的記號，可使民族誌學家回想起一個發現或另一個沒答案的問題。這些手段可使民族誌學家在白天作大量的記錄，同時也獲得深度和廣泛性。理想中，這些記錄的轉譯最好在訪談後或觀察後立刻進行，因為此時的記憶最為鮮明。然而，在許多例子當中，較為普遍及實用的方式是在每天結束時進行的例行性轉譯。這些縮寫和象徵符號是依據簡要的印象或是以有助於記憶的方式寫的，它們會引起回憶，使影像湧現在腦子裡，並使民族誌學家重建全部的事件。

重建

在某些情形下做記錄是不適當的,例如喪葬儀式、械鬥和特定的宗教慶典。在這些場合當中,田野記錄仍是重要的,但要做記錄卻是更加的困難,在這種情形下,必須要有完整的重建。在 Spradley 對流浪漢的研究中,他幾乎每次與醉漢訪談後,都跑到洗手間去撰寫資料,使得許多受訪者都覺得他的膀胱有問題。Powdermaker(1966)常常坐在車子裡數個小時,寫下剛剛的談話內容,因為要正確地回想起冗長的對話片段是需要練習的,不管怎樣,如同詩人能記得數千行的詩歌一樣,經由訓練和經驗,民族誌學家也可以正確地記得大量的資料。然而,不同於詩人的是,民族誌學家必須在吸收新的資料之前,盡快地寫下這些資料以免遺忘。

田野記錄的組織

使田野記錄保持在有條有理以及能相互參照的情況下將有助於正式的分析階段,從田野調查的初步假說到最後的寫作階段,可以使用活頁式的筆記本將記錄依主旨組織起來,就如同使用一個 20 或 40-megabyte 硬碟裡的一個資料庫一樣容易。如同第 4 章討論過的,資料庫的方法非常有助於分析,並可以將民族誌學家花費在寫

一本民族誌的時間減到最少（註：參考 Wolcott〔1975〕，有關寫一部典型民族誌所需花費的時間。同時參考 Levine〔1985〕，討論關於有系統的計畫，特別是資料儲存和訂正的原理）。

　　在研究裡所獲得的推論、線索、名冊和個人日記式的註釋應該與觀察的記錄分開保存，這些記錄都是可以幫忙引導民族誌學家工作的文件，在研究中可作為進一步行動的暗示。無論寫在信封的背面或寫在電腦裡，這些記錄同時也證明了民族誌過程的一部分。藉由它們，民族誌學家可以回顧步驟，以便用來發現在研究時幫忙發掘特殊意義的計畫。在特別困難和危險的田野調查時，一份個人日記可以提供一個有效的應變措施，同時它也是一套品質管理的策略。有關於研究者在研究的特殊階段裡的心情、態度和偏見的記錄，可提供察看當時原始的田野調查背景。這些檔案的保存因而成為資料蒐集和分析的品質管理（註：參考 Schwandt 和 Halpern〔1988〕，有關田野調查的記錄。同時參考 Bogdan 和 Biklen〔1982〕，關於撰寫田野調查記錄進一步的討論）。

田野記錄的組織

　　有許多種有用的田野記錄方法可以使用，我發現有一個方法特別能確保高效率和有效的田野調查工作，以及有助於寫作的步驟。

　　田野調查的記錄可以用活頁式的筆記本加上標籤以便辨識各項分類，並使其變得有條有理。第一個部分包括可用來尋找特定主題或段落的概略索引，第二個部分包括研究計畫和契約，第三個部分包括要適當地執行研究計畫所需的時間和預算，第四個部分包括所有的信件，而第五個部分包括研究成果在早期調查階段所用的初步記錄（這一部分的田野記錄是用在田野調查的早期階段，可用來發展研究計畫以及將民族誌學家的企圖界定得更遠）。其他的部分則是研究計畫所有的次項目，研究計畫確定主要的研究範疇，而每一範疇都包含了一個研究主題。

　　每一個章節的第一頁是包含了目的、方法、發現、結論和推薦的封面，這個系統強迫民族誌學家去明瞭工作的目的，並正確地記錄

下探究主題時所使用的特別方法，以及去概述其發現和結論。另外，這種有組織的協助方法在研究時提供了一個便利的參考，以作為研究行動的未來方針。封面同時使民族誌學家可以做出備忘錄或其他摘要的訊息，以便和同事、贊助者及此領域內的人分享，而備忘錄連同參與者的反應，可以促使報告或民族誌的產生。

封面中有關於發現的部分可以和每項特定的田野調查記錄、照片、錄音或筆記前後對照。例如，一項訪談的田野記錄相當於未經處理的資料，訪談的記錄可能伴隨著可用來多方檢證消息的觀察記錄、矩陣和圖片，為了方便，這些文件或原始資料可用封面相互參照（同一份的觀察記錄或訪談資料可用來證實工作報告裡其他部分的一些發現）。

民族誌學家可以從研究計畫主題的最初研究中發展出新的主題，如同第 4 章所討論的，一部電腦可以保存及組織這些記錄。然而在許多例子裡，hard copy 就如同照相記錄一樣是必須的。這種田野記錄的組織方法使民族誌學家回想起研究的目的和方向，並且田野工作者能容易地得到初步的發現和結論，同時也使他人能夠回顧研究的努力過程。

備忘錄

　　民族誌學家在他們工作的各個階段裡製作研究成果的備忘錄，這個分析工具幫助民族誌學家評量他們的進展。當我在從事高等教育的工作時，我發覺整理出一份簡短的備忘錄可以幫助我了解實際上的情況。我和一起工作的人分享它們，並且請求他們評論，這種互動的方式能在我把認知當成基礎以便了解下個階段的發展情況之前，先檢查我的認知是否正確。另外，備忘錄也提供了參與者一個機會去分享研究的過程。

　　在研究過程中寫備忘錄可以使報告的書寫變得更為容易。民族誌學家可以從經由田野調查經驗修改過的研究計畫中獲取前言和背景的部分，報告的精髓則直接來自於經由研究得到的備忘錄。因此民族誌學家只須完成最後的分析，解釋所有的備忘錄和反應是如何配合的，使參與者在研究的最後過程中不至於有明顯的驚訝反應。

研究期中的報告

　　在研究工作中，臨時的報告較備忘錄更為普遍。這些報告是在完整地敘述研究成果之前民族誌學家知識的

初步摘要，這些報告會交給贊助者、參與者和學者以供評論。就測試民族誌學家對計畫或是所研究的文化之了解和提供特定的回饋給報告的各個項目來說，臨時性的報告對研究成果的品質來說提供了一個無價的貢獻。

研究期末的報告、論文和書本

民族誌研究的最後階段是書寫最後的報告、論文或書籍，這些最後的產物通常象徵著民族誌學家要表現研究過後的一個精製、分析過的文化描寫之最後機會。這三個高度具體化的表達形式需要同樣的資料、辛苦的工作和洞察力的基礎，但卻有著不同的語氣、風格、格式、分類及市場上的經濟價值。

報告、論文和書籍是如此的多樣性，以至於在一個章節中我只能討論一些各個類型的一般特性和指導方針。然而，簡短地回顧最普遍的民族誌的發表形式是必須的，因為知識的分享是民族誌工作中一個不可缺少的部分，而分享的過程通常包含了發表所發現的事。發表作品是民族誌學家分享觀察和結論的方法，並從所發表的資料而得到的回饋中學習。

一份給政府的報告通常會比論文或書本來得實際，它通常對研究的計畫和團體有著直接的影響。民族誌學家在報告中大多會以特定的政策爭論為重點，而語言最

好是用充滿特殊理論用語的官方說法，這是想要有效地與政府機關溝通所不可缺少的事。報告可能包括一個有關於發現的專門編輯和一個非專門的編輯，而通常也會有執行的摘要提供給沒有時間看或不愛看整篇報告的決策者。由學者、律師和政府長官所組成的審查小組維持著成果和作品的品質管理，在許多的情況裡，審查小組在決定重要段落的措辭時有著直接的影響。

一篇論文是民族誌學家所有成果的混合或是高度濃縮的改寫本，它通常會有深度地討論一個特定的問題，作者會簡短地指出田野工作是如何促成理論、方法論和知識的發展。而讀者通常由學術上的同事組成，他們對作者在評論期刊的作品有著直接的影響，因為他們可以推薦或拒絕其發表，而且也會建議特定的修正，作者在論文被同意發表前必須要應付這些建議，因為學院對最後的作品有著不小的影響力，它能精鍊和改善作品，或促使作者作適當的繞道（註：有關於更多期刊論文的寫作，參考 Bogdan & Biklen〔1982〕，第 183-190 頁；Van Til〔1987〕）。

一本書比起一篇論文提供了更大的自由空間給民族誌學家，而讀者基本上還是由學術上的同事所組成。民族誌的原稿結構呈現多樣化，但一部民族誌通常都會討論文化的基本元素，例如文化的結構、組織、歷史、政治、宗教、經濟和世界觀。一個在民族誌中浮現的特定主題可能會成為文章中討論的重點，這個主題可能是此文化、民族精神或風俗習慣中一個不可缺少的特質，而

成員能不能使這個特質適應他們的環境，在接受原稿時，出版者會請求此領域內適當的學者來作評論，以便做出出版或不出版的決定，學者的評論能決定原稿的結局。當作者的作品被退回或是作者不同意被建議修改的地方時，他們可以尋找其他的出版社或期刊。然而，有些出版社或期刊是這個領域裡的權威，以至於作者沒有其他的選擇（註：參考 Powell〔1985〕，討論有關於學術發表中作決定的過程）。

除了報告、論文和書本之間慣有的差別外，差異還存在於次要主題的焦點和研究究竟是基礎的或是應用的。不論是哪一種作品，民族誌學家都需要根據讀者的不同選擇最適當的寫作模式。一旦民族誌學家決定好讀者後，就必須改變他們的寫作模式以適應那些讀者。

報告通常有著有限的發行量、特定的贊助者、各種政府機關、計畫的職員和一些學術上的同事。報告可能取得版權，也可能不行，而且通常是沒有版稅的；它們就如同研究計畫的一部分般地被發表和計算酬勞。報告的截止期限是一把雙刃的刀，它們能確保對特定的政策問題能有適時的回應，但時間的限制卻會妨礙文體的精鍊。

論文的發行量取決於發表它們的期刊。一個民族誌學家如果希望能接觸到較多的讀者，則他會試圖在一份有著廣大發行量的期刊上發表論文；而如果民族誌學家的目標是很簡單地只想和一群小而特定的學者分享知識的話，則具有較高特異性的期刊會是最好的選擇。在這

兩個例子裡，民族誌學家在曝光率和影響力方面作了選擇。審查性的期刊比起非審查性的期刊是比較受重視及比較有名望的，因為審查性的期刊有固定的品質管理，要在裡面發表論文是更為困難的。出版社通常可以取得期刊文章的版權，而作者則有權力可以將文章發表於他所著作、編輯的書籍和收藏裡。期刊的文章除非在它們出版成書的時候，否則是不會有版稅的。這些論文比起報告來說比較沒有立即性，但比起出版成書而言卻是較為立即的。一篇期刊論文的原稿評論可能會花費二到八個月的時間，而出版時要進行的校訂、鉛字校對和一般製作可能會將時間多延後二到八個月（基於這個理由，許多學者會比較喜歡網路上的電子文章而不是傳統出版的文章，因為他們必須趕得上他們領域內的快速變化）。

學術性的書籍比起論文而言更為難寫，一部分的原因是書籍的文章長度較長；另一部分的原因是書籍需要花費較多的智力、精力和必須集中專心：一篇論文需要極大的努力以便將成堆的資料和大量的分析變為簡明的詞句，而一本書需要重複許多次相同的努力。另外，一本書是學識的最終型態，而且將被一代又一代的讀者所閱讀評論。

不同於大部分的論文，書籍是被公然地評論著（註：此處的說明可參考 Fetterman〔1986c, 1986d〕）。雖然大部分的評論家都試著對作品作一個客觀正直的評論（Janesick, 1986），但如果評論者和內文不協調仍會是悲慘的一件事。幾乎所有的評論家都在尋找內容的錯

誤、疏忽的過失和概念上的瑕疵，有些評論家有足夠的智慧可以根據一本書的價值來做評論，而其他人會根據一個理想但卻沒有關聯的模式來評論（註：有關這主題額外的討論以及一個實例的舉證，請參考 Bank〔1986〕和 Fetterman〔1986a〕）。在一些例子裡，出版者會選擇特定的一位評論家，因為他對於主題的觀點是完全不同於作者的。與作者熟識的同事們會學習如何解析評論家的評論，並可以從這個練習中學到許多。雖然評論家的評論有時候大多會有所保留，但這個評論的步驟仍是可行的最好方式。

書本的流通有多廣泛主要取決於出版社。有些出版社擁有完整的宣傳系統，包括依據興趣或主題而分類的專業協會會員名單的資料庫，這些系統可以使出版社確定他們的市場，設定他們的廣告策略。作者對這個步驟會有直接的興趣，因為通常書的作者可以收到版稅，並且可以保留有限的出版權，而出版社則是擁有書的版權。

出版成書通常是民族誌學家最不具時效性的一種發表成果的方式。一些民族誌是在田野工作後多年才寫的，一旦出版社接受原稿，實際的出版可能還需要一或二年。當然，也是有例外存在的，一些出版社現在會要求作者以電腦處理原稿，以便加快出版的過程。雖然在原稿被接受到出版之間依舊會有所延遲，然而作者仍是幸運的，因為大部分學術性的民族誌書籍是沒有時間性的，而且具有保存的價值（註：參考 Whyte 的《Street Corner

Society》〔1955〕，關於一個典型的範例。同時參考 Lareau〔1987〕，討論有關此題目方面出版的延遲）。

　　所有民族誌的描寫方式有著一些共同的特質，最重要的是詳細的描寫和逐字的引用。此外，民族誌現在時態的使用以及將民族誌學家的角色述說清楚的方式也是特點之一。

深度描寫和逐字的引用話語

　　深度描寫和逐字的引用話語是民族誌田野記錄、報告、論文和書籍最容易認明的特質。民族誌學家努力地詳細描述一個人文的景象或事件，其目的是要傳達感覺，就如同傳達所觀察的事件實情一樣。理想狀態下，民族誌學家會和讀者分享受訪者所了解的情況。深度描寫是一個文化說明的寫作記錄，第 2 章在有關文化說明的段落裡討論眨眼和使眼色的差異，一個表面描寫將會簡單地描述成只是一個眼瞼快速閉合的動作，而一個深度描寫則會提供前後文的關係，告訴讀者那個動作是由於一粒灰塵掉入某人的眼睛所引起的眨眼，而那一個動作則是在擁擠的房間內所傳送的浪漫訊息。因此，描寫將會合併人文的意義和民族誌學家的分析。

　　深度描寫可以逼真地描繪出各種人文的景象和插曲，以下的例子是發生在內地城市進行田野工作時所面

臨的難題。

在探訪遺跡的最後一天，與一位學生進行了數小時有關於他妻子和鄰居的對談後，他決定要帶我四處看看。他把我介紹給幾個在街頭混日子的頭頭。天氣越來越熱，而他知道我是從加州來的，所以他帶我進入一間飲食店去喝杯涼飲、吃點小點心。我們走了進去，我的新朋友對店家的老闆眨了眨眼，並叫他給我一杯加了天然蘇打的飲料。我說了聲謝謝，並伸出手來拿飲料，之後我感覺到吧台下有東西。那是一個裝著大麻的袋子。我看了看老闆，而後又看了看我的朋友。我不想表現出任何的非難和忘恩，但當我同意扮演一個客人、遊客和朋友的角色時，這並不完全是我心中所想的。

一段時間過後，我聽到整齊的步伐聲。我從前面的窗戶看出去，看到兩個警察經過，他們正透過窗戶向裡面看。我的手仍舉在空中給大家看在我手中的混合物，但我的心卻掉到地板上了。我的第一個念頭是，「我將成為失敗的人，我要如何對我研究的同事解釋呢？」

幸運地，警察快速地消失就如同他們突然出現一般。我詢問我的朋友到底發生了什麼事，他解釋說警察會固定地收保護費，而且只有在他們需要錢或老闆沒有貢獻的時候才會打擾你

（Fetterman, 1986e, pp.27-28）。

　　進行田野調查時的初步記錄通常都是雜亂、冗長且難以處理的。作者必須小心地選擇和刪除這些記錄，以便在報告或書中闡明一個論點或提出一個見解。民族誌的寫作是一個縮減的過程，因為民族誌學家會將田野記錄變為寫作的內文。其目的是用一個簡明而完整的方式來陳述事實，而不是翻印每一個項目和每一個字。若是要逐字做一個完整的翻印不但是不可能而且是不能令人滿意的，因為這不是科學，沒有人會花時間去將它全部讀完的。

　　逐字的引用話語同樣是民族誌的必要條件，它們是一個人的想法和感受的永久記錄。逐字的引用話語可以傳達人類的恐懼、憤怒、挫折、興奮和歡樂，並包含了一個人生命表面和底部深埋的意義。它們可以呈現許多概念給讀者：包括基本的事實資料、社會和經濟的指標，以及內部的一貫性或裝飾性的不調和。讀者可以從這些段落推斷說話者的價值觀和世界觀。

　　逐字的引用能幫忙傳達一瞬間的感覺給讀者，另外，在報告和民族誌裡明智地使用這些未經處理的資料，可以提供讀者充分的資料以便判定民族誌學家的說明和結論是否有保證。

　　在研究輟學生的計畫時，我從一位住在鄰近地區的年輕母親身上學到有關於輟學生在社區內被雇用來縱火的事件，她的話傳達了這個犯罪事件的生動景象。Corina

說：

> 在清晨兩點醒來接到一通電話，電話裡的男
> 人要我在十五分鐘內離開房子，因為房子就要著
> 火了。那就是他們在縱火時所做的事，他們就如
> 同那樣子地在清晨兩點打電話給你。我的頭髮還
> 上著髮捲，而且我還穿著我的浴袍，那就是我所
> 擁有的全部了。我住在二樓，而我的祖母住在三
> 樓。我仍然記得看見火焰在她的輪椅上圍繞著
> 她，我嘗試去救她出來，但我無法做到。你知道
> 的，我有風濕，所以我很虛弱，我救出了我的嬰
> 兒，而她是那麼的沉重使我無法救她出來，只能
> 眼睜睜地看著她死掉。我到現在仍然在看精神科
> 醫師，因為我會夢見這件事，它仍然驚嚇著我，
> 當時不能救她出來（Fetterman, 1983, p.218）。

Corina 個人災難的重要性和這個犯罪的個人本質可
能會在第三人稱的描述裡遺失掉。因此逐字地引用她的
話提供了一個有關於輟學生在社區內被雇用來縱火的影
響之簡明、正確的描寫。深度描寫和逐字的引用話語在
民族誌裡具有極大的字面有效性在此可見一斑（參考
Geertz〔1973〕，所相信和描述的 Ryles）。

民族誌的現在時態

　　民族誌通常是用現在時態寫成的，民族誌的現在時態是生命的一部分――一個不動的影像。這種文學的錯覺暗示著此文化在時間的經過下仍然不變――即使是在民族誌所描述的時間之後。民族誌學家能敏銳地察覺到社會文化系統的改變，他們通常會注意一個計畫、一個文化或任何團體的改變。田野工作可能需要數年的時間，但民族誌學家在描寫那些事件時就如同是今天發生的一樣。這個規矩一部分是為了語言上的方便，然而，它也是維持描寫的一貫性和使故事變得活潑的方法。基本上，民族誌學家使用現在時態是因為田野工作雖說可以無限期的繼續，但卻一定會在某些任意的時間點停止。因為時間和其他的資源不是無窮盡的，而且當地人會對被觀察感到厭倦。民族誌學家了解到不論研究的時間有多長，文化將會在田野工作結束的那一刻改變。民族誌學家所能做到最好的是盡可能正確地描寫文化，直到改變的那一刻。理想狀態下，民族誌的現在時態對於民族誌學家在研究時的人文印象是真實的。

民族誌學家的存在

民族誌學家要避免太過突出，將他們對自然狀態的影響減到最低，他們的目的是在另一個文化自然地運轉下去描述它。然而，民族誌學家是誠實的，他們承認他們的存在是這個人類方程式中的一個要素。因此，與其呈現一個虛偽不真實的景象，民族誌學家不如率直地描述他們在田野工作時在事件裡所扮演的角色。民族誌學家的存在告訴讀者民族誌學家有多靠近文化裡的人們和資料，這個技巧可以提供額外的確實性給研究者的發現。這些深藏的自畫像同時可用來當作品質管理，能證明民族誌學家在研究時對人們的污染或影響程度。

同時，民族誌學家不應該支配環境，民族誌學家的簽名也不該出現於每一字或每一頁。研究者不需要特別說明自己的想法來表明其聰明才智，在描述一個文化時，寫作的焦點應該放在主題上。在每一部 Alfred Hitchcock 電影的螢幕上都會出現幾秒鐘的簽名，這是一個清楚表示其存在的範例；而他的風格，特別是他對攝影機角度的使用，則是一個含蓄表示其存在的範例。民族誌學家在他們的工作裡留下了清楚及含蓄的簽名，有些是絕妙的，有些則大膽的如同梵谷在他「玉米田裡的烏鴉」（Cornfield with Crows）這幅畫中畫一短橫線一般。巧妙地製作民族誌學家的存在可以顯示出民族誌學家在田野經驗的深度和廣度。

民族誌的報告

　　民族誌學家並非總是有機會能完成一本十分成熟的民族誌，相反地，他們必須要寫民族誌的報告或其他的出版品。一份根據民族誌資料所寫成的報告可能需要花費和一本民族誌一樣的努力，或它可能藉由應用一些民族誌上的概念和技巧在研究上而近似於那份努力。不論是哪一種，報告都有著民族誌的風味，但它的結構和模式類似於那些由公立或私立部門贊助者所提供資金的出版物。一份根據民族誌資料的報告對適當的讀者來說，就如同一本民族誌一樣的有用，然而卻不會是一樣可信的，因為當民族誌的概念和方法沒有以完全的方式使用時，作者會遺漏許多固定的品質管理。

文學作品

　　文學作品是人類戲劇的敏銳觀察者，它們創造了最優秀的故事和表現基本價值觀以及社會關係的角色。文學的作品在田野工作中的各種階段對民族誌來說都是有用的，在田野工作時，每天生活中所發生的事件常常對比於文章的情節，這些類似的東西可以幫忙解釋民族誌學家所參與的複雜工作。

不管怎樣，文學最常被用來當成幫助民族誌學家傳達他們所發現的現象之工具，一些文學的規矩和寫作技巧可供民族誌學家使用。作者可能會假裝不同人的口氣，可能表現出全知的或是率直的，也可經由敘事體的方法來擴充或縮小。大量的使用具體的明喻、隱喻、對句法、諷刺和許多其他的方法，可以傳達一瞬間真實的感受。

民族誌學家使用這些文字技巧來使他們的科學變得意味深長和有效。我引用莎士比亞的名言「一個錯誤的喜劇」（a comedy of errors）在我「責備受害者」（Blaming the Victim）的文章裡，它是討論有關輟學生的研究。這句名言適切地用一種精確和立即可理解的方式，來表現研究時待遇控制（treatment-control）計畫的誤用以及政府官僚政治的介入。如同在全國性的研究成果裡，一個關於教育性的機構和研究者的行為描寫一樣，這句話傳達了經驗的不合理就如同它的悲劇一般（Fetterman, 1981b）。

Henrik Ibsen 的故事「人們的敵人」（An Enemy of the People）提供了一個強力的影像，正確地反映出我的經驗，那是有關於我嘗試出版我在研究輟學生時有關於待遇控制計畫濫用的研究發現。在這個故事裡，Dr. Stockmann 是戲裡的主角，他是一位醫學方面的政府官員，他嘗試去發表對鎮上有名的溫泉浴場污染的發現。但遭到鎮民重大的阻礙，因為鎮民的收入來自於時常出入浴場的遊客身上。我用這個沉痛的例子來傳達我自己

的挫折感，它表達了我在公開討論教育研究範例的誤用而面對嚴厲抵抗時，所經歷的情緒張力和侮辱（Fetterman, 1982b）。有關藝術的寫作也是一個交流的有效方法，在同樣的文章裡，我用藝術來說明一個概念，並從讀者和觀察者身上得到對情況的了解。

校訂和編輯

寫作的最後一個階段通常包括校訂和編輯。寫作是呆板的，也是藝術的。段落必須修改以便適合正確的組織和概念的順序，句子要有文法，用字遣詞不要模擬兩可，而引用要與參考資料相當。詞彙要小心地修飾以引起讀者的想像，但仍要維持是符合科學的。舉例必須是引人注意且清晰的，標題必須能抓住讀者的眼光而且仍是誠實的。作者必須精鍊作品裡這些所有的項目，以便確定作品是切實的、在觀念上是連貫的、以及可理解而精確的。而這所有的工作都需要花不少時間的（有關於有用的寫作指南，請參考 Bernstein〔1965, 1977〕；Strunk & White〔1959〕）。

適當的組織化可以減少寫民族誌作品草稿所需的時間，但是校訂和精鍊則需要額外的時間和極大的心力。所需的時間取決於第一份草稿的品質、作者的資質、以及截稿的期限。對於細節的注意是重要的，包括鉛字盤

的校對。一個單字或一個字母的缺少會在不注意中改變整句話的意思，而一個綜合說明的章節可能在編輯和排版的過程中會有所遺漏。對原稿編輯的注意如果不夠充足的話，可能會損失掉最後的修改機會。用在這些項目上的時間通常是耗費頗多的。

7

走過荒漠：倫理

　　除了攝影，什麼都不取；除了足跡，什麼都
不留。

— 摘自國家洞窟科學期刊

　　民族誌學家的工作並不孤立，他們生活、工作於人群中。他們常窺探人類最深沉的祕密、神聖的宗教儀式、成就及失敗。爲了追求這種對人的科學探究，民族誌學家訂定了一種倫理的規則來保護參與者的權利，促進這個領域相互間的溝通，並保留一扇門給繼起的研究者。

　　這個規則最先是爲了不讓民族誌學家因研究而去傷害研究對象或社區，且爲了尋求通往文化荒地的一個合理路徑，民族誌學家很小心地不去踐踏原住民的情感或褻瀆其文化中神聖之處，對於社會環境的尊重，確保的，

不只是研究對象的權利，也包括了資料的完整性及研究者與研究對象間互利永續的關係。專業且精細的步驟，展現出民族誌學家對於「研究對象生活的方式」最深的敬重、讚賞以及孺慕之情。非侵犯性的民族誌不只是良好的道德更是有效的科學（參看美國人類學會「專業責任的原則」。同時參看 Rynkiewich & Spradley〔1976〕；Weaver〔1973〕）。

這一章將簡短地討論在民族誌上的多樣化且描繪複雜性。

民族誌學家所扮演的角色

研究者在探索一個文化或其特定問題時，所扮演的角色，決定了議題被定義的方式。就像是心理學家、人類學家、醫師、政策制定者可能會以完全不同的角度來定義同一個問題。同樣地，不同類型的民族誌學家也可能以迥異的方法來定義及接觸相同的問題。而這本書就在摘取民族誌共通特性的精要，這裡著眼於民族誌學家的特殊角色是如何影響研究的每一階段，從定義問題到發表研究成果，不論是理論上或應用上的。

學院派民族誌與應用民族誌

學院派民族誌即如其字面所指，在學院裡啟發學生及同僚，建構出文化或學說的知識基礎。在這裡，研究主要是理論且基本的，然而，關於應用的研究也同時存在。

應用方面的研究通常以社會的改變為目的，也常常影響既定政策，大多數應用民族誌的工作——包括管理、行動及倡導民族誌——發生在學校、醫院、政府機構、及其他學院外的組織機構（Spradly & McCurdy, 1975）。每一個方法在知識及行動的發展上都扮演了重要的角色，民族誌學家選擇最適合自己個性及專業的方法，在適當的背景下，每個方法都是合乎道德而有益的。然而，它也可能造成道德上的困境或束縛。民族誌的研究就像科技一樣，更好或更糟，道德或不道德，端賴人們如何去運用了。

學院派民族誌學家

來自同事及贊助者的各種壓力塑造出學院派的民族誌學家。就跟其他的專家學者一樣，他們也被迫去適應體制。工作上的表現對大學教授而言是非常現實而殘酷的，這影響包括了終身職位，及每年不斷增加的薪水及升等。用來評價學院派民族誌學家成功的標準，與評斷

應用民族誌學家的表現是不同的，學院中的評價大多倚賴獎助金、論文、著作、工作委員會的貢獻、聲譽及教學成就上的多寡。這些壓力及需要，影響學者研究的方向，特別是當他們決定如何去著手一個問題時。

在這領域中，校長、主任及其他資深的同事影響了新進學者對於問題的認知。研究者在探索文化或問題時所持的理論可能決定其專業地位。而這會影響到研究者及參與者在接受審查時成功的機會。相同的壓力也來自財務，為了爭取研究基金，學者必須在各人的研究偏好與基金會所投注的焦點間建立關聯。為了獲得有限的資源，必須學會如何去定位並設計研究標的以獲得補助，這項工作需要機智包裝審查的焦點，並在撰寫其他獎助計畫時，用一個單元分析取代其他的。

學者須有創業、進取的精神並能自主的追求學問，就理想而言，這些學問崇高的目的在於——加強對社會及個人的啓蒙、自我覺醒與認知。但學者可能會迷失而執著於對上古神祕的探求。

關聯永遠是象牙塔裡的一個議題。而內在自省的壓力，發掘那些公眾所認為不可碰觸的、天生的、承襲以久的制度（Jacoby〔1987〕在這項議題上有精彩的討論）。學者努力的關聯必來自問題的表徵之下，每一項研究的努力都承載著知識的發展，並以某種方式對社會有所貢獻。

Habermas（1968）提出「知識和興趣即是一切」（p.314）來強迫研究者自問為何、為誰而研究。每個人

都一定能從縝密的研究過程得到利益，而研究者需要清楚他們在每個研究中，整個混沌的既得利益裡所能得到的，及所扮演的角色。這個問題不是為了使研究者氣餒而停滯不前，而是要去影響研究者設計問題，並在結尾中自省。

　　純理論民族誌學家就像大多數的研究者一樣，盡力以最學術性、合乎道德的方式來進行研究，只是來自真實世界的壓迫卻也確切地影響了他們的研究。象牙塔裡的神話讓很多人相信純理論人類學家可免於外界的影響。而事實上，他們受到既得利益者的影響及壓迫，並不比應用民族誌學家更多或更少。

應用民族誌學家

　　應用民族誌學家所遭遇的困境來自於他們的背景。一項關於最值得注意的應用民族誌學家其道德決定的類型所做的討論，提供了一些線索：了解不同民族誌態度的差異，其關鍵在於了解民族誌學家控制的層級，包括了從設計到研究成果。

•　管理民族誌學家

　　管理民族誌學家（administrative ethnographers）的努力所控制的是研究議題的設計而非成果，他們引導研究，但卻由管理者構思並執行企劃或革新。對我而言，大部分工作的評價都停在這個範疇（Fetterman, 1984;

Fetterman & Pitman, 1986）。例如，在輟學研究中，我引領這個研究，但另有三個機構在執行這個計畫，並根據研究中的發現，修改計畫及提供基金，大多數的既得利益者拉攏管理民族誌學家，也包括了學生、教師、父母、校方、學校管理機構、企劃的傳播者、贊助商，還有一般的納稅人。

傳統的人類學訓練讓民族誌學家在研究中以世界觀來處理可能發生的衝突，但不能解決因背景而產生混亂、被扭曲的道德困境，就像是在報告研究成果時對管理民族誌學家產生的一樣。傳統的訓練告訴學者要將成果分享予每個參與計畫的人，但在輟學研究中，跟政府所締結的議定書卻要求研究只能報告予贊助商及傳播企劃的機構，這時，簽下契約研究此議題的機構只能相信，傳播機構會發揮整個計畫的最大利益並與所有人分享這項研究成果。

可是傳播機構並不想讓兩個輟學計畫的當地相關人員得知結果，基本原因在於計畫是新的，而且可能無法提出有益或正面的結論。另一個困難則是必須與傳播者競爭整個工作的控制權，這樣的壓迫使我們處在困境中。這時，研究法人達成了一個有創意的解決之道——如同契約書所要求，它將報告對傳播機構及贊助者發表。一紙證書伴隨著報告聲明：研究者在月終時能請求給予對每一項計畫的直接評論。

它也闡述，計畫並非隨時都有進展，研究者可以假定報告在郵寄中遺失，然後直接與計畫有關人員聯絡，

並寄予研究報告的另一份副本。這個策略同時讓研究者不必妥協，也不會違反議定書。

當民族誌學家在大學或法人中擔任管理顧問時，問題加倍嚴重了。在這樣的背景下，學者對特定的聽眾報告，即高階的管理者。學者能將道德困境最小化，藉由忍受一開始即為大家所認知的，報告將只在有限的範圍內流通。只是，參與者總是毫不懷疑地期望著至少能收到初步的回饋，研究者可以藉由電話、拜訪或備忘錄來滿足這項期望，但幾乎沒有管理民族誌學家能將所有參與者的名字列入最後報告的名單中。特別是在某些敏感的案例中，像是對不道德或不合法的人員所做的研究，將結果送予其他非涉案人員或非適當管理人員是不負責任的做法。

參與者對組織的基本價值觀經常相同，多數受雇者普遍認知公司體制對資訊管理的控制權，這樣不成文的規定存在於溝通的層級上，因此，參與者並不期望所有的資訊都能公開，這樣的態度也造成了一種困境：同時採用管理者及員工的觀點來看待「錯誤的」層級是不適當的，甚且是種禁忌。

就跟所有的研究一樣，民族誌學家最基本的道德問題是：誰來決定研究的方法及結果？在輟學研究中，這問題並不存在，因為政府掌握了一切，這整個計畫和研究如果沒有政府的支持就不存在了。因此，在這種情形下，問題變成：研究努力的成果是否有用且有利，以及它能不能告訴大眾社會上存在著一個如此重要的問題？

部分答案決定於政府官員將結果公開——不論他們公開在那裡——或做成政策性的結論。作爲一個管理民族誌學家，在贊助者所預設的結論裡，我必須減少參與努力的機會，而這樣的行動，永遠存在著科學及道德的騙局。

● 行動民族誌學家

行動民族誌學家（action ethnographers）盡力不去扮演一個有力的角色，而只是引導研究，包括原始的設計、計畫的結果及革新。Sol Tax——這研究方法公認的創始及開發者——將這應用在印第安狐族（Tax, 1958）。他是狐族人的催化劑：他闡明問題並爲社區的改變列出各種選擇及替代方案。對革新方案或目標的決定權，仍歸屬於狐族人，例如改變族群的經濟地位，狐族人也自行決定改變的方法，例如，製造並販賣陶瓦。

行動民族誌學家只有在社區能自決的情形下才能發揮作用，像前文提到的輟學研究，既無法凝聚或賦予其權力來改善其困境，在別無方法下，採用行動民族誌仍是不恰當的。此外，行動民族誌需要族群有相關做決定的過程，這也是輟學生不合格的地方，因爲他們沒有這樣的政治體系。最後，行動民族誌需要族群能控制，改變所有必需的資源。在 Spradley 的研究中（1970），輟學生就像個流浪漢，無法控制實際改變所需的資源。

這麼一段時間下來，在顧問的工作中，我已能接受行動民族誌的方法。在一個用和平談判來解決活動場所中鄰居與學齡兒童發生衝突的機構中，雇用一群史丹佛

的研究者來幫助戰士們決定他們的目標，去描述並評價爲和平所努力的現況，並提供各種替代方案來促進及擴展努力的成果。作爲主要的研究者，我發覺這樣的努力令人滿足也使人挫敗，我在與參與者一起工作的過程中得到樂趣並讓他們爲自己的命運作決定，我深信他們做得到。可是看著他們做出問題重重，不太可能成功的決定是困難的，尤其是當我已知道且警告過他們的時候。

這樣的努力浮現出兩個重要的道德困境，普遍存在於其他行動民族誌的計畫中。第一，民族誌學家必須相信，幫助族群去決定它的未來是合適且有好處的，除非這族群有破壞或壓迫社會的傾向。民族誌學家必須在促成它之前自我質問方案的價值何在。

第二，民族誌學家本身的偏見表現出一種更爲微妙而實際的道德問題。對一個族群或客戶表現出各種選擇是很容易的，甚至包括學者本身不贊成或不喜歡的選擇，可是，學者必定會下意識地去控制將差別心態反映在個人的表達中，他可能一不小心將焦點專注於某一替代方案多於另一種方案，或是花較多時間以中肯而有說服力的方式來解釋他較喜歡的選擇，雖然這不是有意的，然而資訊的負荷也會勸阻人們去考慮一項選擇，當創造可自由選擇的幻像時，有太多故意或非故意的手段可被用來影響決定的產生。

學者能藉由清楚直接的表達方式來控制這微妙的偏差，例如，引導對其他人做選擇或測試重要的陳述，可幫助學者決定，對每一項選擇介紹所應該花的時間，或

重點介紹是否相同；並在表達中，找助手來觀察並檢測，如何將每一項傳達的資訊，所可能導致的微小卻可察的差異減少。自我訓練和自我批評只是用來控制下意識，避免去干擾參與者的工具。

• 倡導民族誌學家

就像其他研究一樣，倡導民族誌在研究者的生命中佔大部分，倡導民族誌學家（advocate ethnographers）讓參與者去定位學者及思索，如何才是對問題最好的解決方法，並在改變社會時採取主動。這些學者在群族扮演倡導者的角色，他們在公眾場合中寫下改變大眾的主張，使得捐客羞慚，並在政策決定的場合上，於適當的時機提出相關的資訊。

在引領輟學研究並且決定這計畫應該繼續下去時，我主動將這件事傳達給在政府或半政府組織中的每個人，這個計畫的研究小組則以民族誌學家的觀點充分地準備一場「聯合傳播觀點重述的自我評判」（Joint Dissemination Review Panel Submission），以增進這個計畫的有效性，並可爭取未來的補助金。在作為學院的倡導民族誌學家及政府的背景下，我寫論文並發表，在這個輟學研究中治療控制的錯誤應用，我解釋道：這些年輕人給社會機會去應用這樣的計畫，但卻被拒絕處於控制的地位，而得到的只是一巴掌；我也提出，贊助者對複製輟學研究計畫所持的構想偏離了目的。計畫就跟人一樣，必須適應所處的環境，以為複製計畫就跟複製

細胞一樣，是不實在的，而且是一開始就註定失敗。兩個方法因此責備了受害者——學生和輟學研究。當這些努力無法行使時，這種評量所有社會計畫的方法又形成法案時，我決定以批判的觀點寫下並出版這些文章（Fetterman, 1981b, 1982a, 1982b）。

相同地，在對州政府、國家、全世界等不同層級的資優教育所做的廣泛研究後，我又出版了一本書同時給外行人及這領域的專家，書中指出資優兒童在一個中庸的體制裡所遭遇的困境（Fetterman, 1988a），試圖告知受過教育及關心此事的市民，資優兒童的特別需要。這些行動遵守 Mills 的立場（1959）：

　　社會科學家對其工作所認可的潛在意義被塑造成「意外」，或者由他人的意念來決定此意義的運用，都是不必要的。討論工作的意義及決定其應用的權力完全屬於他們。（p.177）

　　將結果表達給關心的大眾是民族誌學家的合法責任，只是，這樣的提倡是一種政策或公關活動，表達的主要目的是在影響資訊的被運用，身為一個引導研究並發表結果的研究者，如果玩弄政治手段的話，很容易就變成政治遊戲裡的一顆棋子。行動民族誌是合法且合乎道德的，但只有當研究完成時方能運用。

研究的生命週期

倫理普遍存在於民族誌工作的每一階段，而縝密的民族誌工作更是常處在方法與道德決定的十字路口。當他們必須做出睿智又合於科學及道德的決定時，他們即發現處於兩難的地位。

初發期及胎兒期照護：問題

對文化或次文化和問題的選擇及定位，各自組成了重要的道德抉擇。這些決定告知在整個週期裡的初發期及胎兒期。這抉擇深埋了計畫概念的種子，並養育它們長成一個完整的想法及研究計畫，就如同在第 1 章至第 6 章所討論的。

在研究中有無數的問題，整個架構裡，某些是比較重要的，而某些是受評價所累且充斥著既得利益的。民族誌學家則偏重於主要或次要的利益。就像在我所做輟學研究中，不同團體的人用不同的方式來定義問題，認知的差異造成他們對問題的各種觀點。政策制定者則對它能反應嚴重的勞工市場問題感到興趣——高輟學率和高青年失業人數，他們也對學校到工作之間的推移演變感到興趣。社會改革家則認為這個問題是個工具，可推動歷史上社會的不公平，促使社會為未成年少年而改變。研究學者則視其為探索美國教育機會均等的可能

性。問題的選擇及定義就跟研究方法一樣，是倫理的陳述。

懷孕期與出生：計畫

研究計畫中的人、事、地都在請求研究基金的提議中首次浮現，而為補助金所寫的提議也為這研究定下了基調，實驗民族誌學家學會掌管這個時期並控制預算——供給雇工、儀器、思考的時間、資料的分析及發表成果。粗劣的計畫對整個努力的健康、穩定力、壽命造成嚴重的影響。不合適的計畫迫使民族誌學家浮濫預算、排除研究中的重要部分、或在未成熟即被迫結束。

在過程中會產生極大的壓力。而擁有原始數據的人，在這個階段也該於此時對問題確立答案；典型地民族誌學家努力維持控制原始數據，以維護機密性並保護重要線民及其他參與者不被過度利用，把原始資料的所有權列入說明書中的好處，已不只一次在我的研究裡證實。

相同地，學者必須把他們方法的意圖清楚而誠實的表達給贊助者，而不誠實的部分，包括重要的疏忽都會在稍後的研究中浮上抬面。並且書寫與提出、接受或拒絕提議的這段時間，都是屬於懷孕期的一部分。然而某些提案流產了，某些被拒絕了，只有最好的（或至少是最成功的提案）從爭取正式補助的困難中顯露出來。

幼兒期：田野前的準備

有了健康的開始後，民族誌計畫進入形成期——田野前的準備，雖然提案已表達了詳細的藍圖，計畫了學者要做的事；但在進入專業之前，大部分的工作仍然存在。學者必須確認主要的參與者及被調查者，詳細的行程、會面的約定及安排其他計畫進入此領域。此外，在這時期研究者能緩和大多數道德、方法、契約上的意外，經由和贊助者一同不斷的「檢查」。此時，第一印象支配了互動情形，贊助者、計畫人員或社區成員可能會估算錯誤、溝通不良或違反契約，造成道德上的失禮或徹底的欺騙。這些違背，不管是有意或無意，真實存在或僅是意識到的，都可能使民族誌的研究中途夭折，因此學者必須非常小心的進行田野調查。

青少年及成年期：田野調查

田野調查的引導，剛開始就像青少年——對這整個計畫的參與者及本身來言。參與者必須學會一種新的語言、新的儀式和大量的新文化資訊。這時期主要有大量刺激的因素、挫敗與困惑，學習去容忍人格及專業上的混亂，並當作是學習經驗的一部分。很多潛在的委託人會突然出現在研究生命週期裡的任何時期；但它們在青少年期開始，可能是來告知贊同，也可能來帶領精密的研究努力成果。

- **同意書**

　　民族誌為了傳承它們的工作必須尋求正式或非正式的同意書，尤其在學校地區，正式的說明書更是必要的，通常民族誌得要求伴隨著有詳細的目的解說和學說計畫，同樣地，在大部分的政府機關和私人企業，研究員必須提出一份正式的請求來獲取書面的同意，要求和同意的標準隨著研究的背景而改變，舉例來說，並沒有一個正式的架構存在可供研究者和流浪漢溝通，然而，一份正式的同意在實施這學說上仍舊是必要的，在這樣的情勢下，要求可能就被簡化成這樣的問題來詢問流浪漢：「我對研究你的生活很有興趣，如果你方便的話，我想要請教你一些問題。」在這樣的背景下，除非是當事人要求更詳細的解說，否則詳細的解釋目的和理論反而會引起不良後果，同樣的，在獲得一間大公司的初步認可後，民族誌的研究員還是必須去詢問個人，是否認同來談論這個主題，而照相或錄音的動作也必須獲得參與者的認可，尤其是如果研究者想把照片在專業研討會上、公開場合或演講上做教學目的之用時，書面的同意書就更為重要了，這些標準的目的都是盡可能地直接簡單的保護個人隱私。

- **誠實**

　　民族誌的研究員必須以正直的態度面對他們的工作，解釋他們計畫想做什麼和他們計畫如何做，在某些案例中，詳細的說明是必要的，而在其他案例中，普通

的談論反而更為恰當，這些都要根據聽眾的類型和其對主題的興趣，幾乎沒有人想要詳細探討民族誌工作的理論和方法的基礎，然而，從事民族誌工作的研究員必須從頭到尾清楚此學說，如此才可隨時提供資料訊息給需要的人。

虛偽的技巧在民族誌的研究中是不需要，也不適當的，民族誌的研究員不需藉由隱藏他們的努力，和使用精心策劃的伎倆來使人們對特定的刺激有所反應，其他的學說在這方面的態度並不一樣。例如，心理學的研究通常需要實驗對象不知道實驗目的。

身為一個大學生，在 Milgram 以對權威是否遵從為實驗目的的心理測驗學說中，我是一個「盲目」的實驗對象。這實驗是簡單且巧妙的，研究員告訴我們這實驗的目的是研究虐待對記憶造成的影響，實驗對象假想的扮演老師和學生的角色，老師必須教學生一連串的文字配對，老師被指示當學生每次犯錯時要電擊他，然後，第一個詭計是包含了誤導參與者實驗目的和學生的共謀，而這學生是盲目的實驗對象，但事實上他是實驗團中的一員。

扮演「老師」的我坐在一個小房間，面對被綑綁在椅子上的「學生」，這實驗主導者告訴我，我有這種權威——就是當學生在已經設計過的測驗中發出令人不滿意的反應時，我可以電擊這個學生，主導這實驗的人跟我說他會對這實驗過程中發生的任何事負完全的責任。為了得到我的學分，我必須參與這項實驗。

那時，我走出了實驗室，實驗主導者和實驗對象到走廊上追我，並喊著「停，等一下」，他們就道歉並開始解釋這實驗到底是如何進行的。

　　他們解釋說傳統上約有 65%的老師會繼續電擊這學生，即使他們被告知每一次錯誤電擊的電壓是持續上升，且學生已有心臟不適的狀況，只要他們知道有人會對這些狀況負完全的責任他們就繼續做下去，他們並且告訴我並沒有給予真正的電擊（第二個詭計）。這實驗只是要簡單的測驗在完全不用對行為負責的狀況下，人們的行為會到達什麼樣的地步（他們並且告訴我，只要做完這實驗，即使我的反應是異常的，我都將可以獲得兩個學分）。

　　這實驗的結果提供了我們對納粹黨和大屠殺行為多一層的了解，然而，這實驗留給我不好的印象使得我以後對於心理測驗的實驗都更為小心，這實驗並且改變了我們對其他真正參與心理實驗的行為，我發現我自己會公式化的試著去推想他們想要什麼樣的結果，然後做出相反的反應，研究員們害怕如果告訴我他們的目的，我會污染他們的實驗，結果，我和其他有相似反應的學生污染了好幾個研究。.

　　民族誌工作者意識到這個問題，他們靠參與者的協助，完成了他們的研究，如此高度的掌控，詭譎的策略只在某些簡短的事件中有用，它們在長期的關係中則沒有作用，此外，民族誌研究者對人們在自然狀況下會如何思考、如何動作很有興趣，就像其他的研究員一樣，

人類學家擔心參與者會想要試著告訴他們想聽到什麼，或試著對研究討論事項作二次猜測，詭異的方法加強了有關的策略，並破壞了民族誌所必須的信任。

* 信任

民族誌研究員為完成他們的工作必須獲得他們所要共事的人的信任，要維繫與建立這樣的信任，民族誌學家必須學習在各社區團體或某些狀況下研究的多層意義，民族誌學家將這種關係建立在歷史的基礎上，並用文字或非文字的方式傳遞這樣的信任，他們也許簡單說明但在需要產生時他們也會信心滿滿的承諾。非文字的方式上，他們靠自我的表達和普通的行為傳遞信任，合宜的服裝、開放的肢體語言、握手和其他非言語的暗示可以建立並維持民族誌研究員和參與者間的信任。

行動勝於言語，一個民族誌學家在這領域的行為通常是鞏固和建立信任最好的方法，人們喜歡說，民族誌研究員喜歡聽，當人們意識到民族誌研究員將會尊重並保護他們的談話時，他們每天都逐漸提高對民族誌研究者的信任，民族誌研究者不會違背他們的信任，信任也許是個瞬間並自動反應的化學反應，但是大多時候這是一種長期穩定的過程，就像友誼的建立一般。

民族誌研究者通常會和一起從事實驗研究的人們維持一種絕對的信任，一位有威望的黑人領袖邀請我到他家，商談他那由政府支持卻半途而廢的管弦樂編成法節目，在那晚非正式的會面中，他向我解釋為什麼他從未

在他的組織中邀請白人加入的原因，他聲明這樣的限制是不適當的，且雇用一位白人就剝奪了一位黑人的工作機會，此外，白人使他的生活悲哀，雇用白人無非是一種自我輕視和自我怨恨的行為。

這種反向的差別待遇並沒有在當時造成爭議，開會的目的是獲取組織領導者的認同並了解他的世界觀，他用親切的態度提供解答給雙方，然而，在後來這種反向的差別待遇，言論在後來的研究中變成適切的，可作為了解他制度的組織原理學，我悄悄的蒐集資料，因為我被暗示要承諾建立一個無偏見的信任，且我從未將他的名字和觀點作連接，因為他是在完全信任的狀態下發表說明的。

當我在一間老年人日間看護中心當董事助理和民族誌研究者時，個人耐力和信任的需要又扮演起重要的角色，當我遇見 Betsy 時，我正以蒐集最初的面試資料數據作為獲得參與者信任的一種方法，Betsy 是個 90 歲的老婦人，也是這看護中心最親切、最友善的人，當我和她作第一次漫長的談話時，她用一半德語一半英語和我漫談下去，我用德語試著提一些易受驚的問題，她開始談論，在這次談話中我聽到她一次又一次的重複說著「工作使你自由」，立刻地，我明白了她所指的是關於集中營的傳說。我的第一個印象是她是個倖存者，很像我在以色列曾共事過的倖存者一般，然而我馬上又意識到她並不是一個受難者而是納粹運動的支持者，當我問到猶太人和波蘭人時，她向我解釋「那是他們應得的」，因

為他們是造成她的國家的經濟和道德崩潰的主因，她曾經為納粹組織大會團體中的一員，並回憶起了她曾擁有的一段黃金歲月，那時 Adolf Hitler 還握過她的手呢！Betsy 是我在這看護中心和婦女們的媒介，每個人都喜歡她，她也和我成為好朋友，我提供了絕對的信任，身為一個民族誌研究者這種道德的平衡動作是我最大困難之一（Fetterman, 1986e）。

人們通常給予民族誌研究者的信任，和他們對於牧師、猶太教師、精神科專家、臨床精神醫生、醫生、律師的信任是一樣的。民族誌研究者有保護和他（她）接觸的隱私權，這種義務同時也保障了研究努力的品質。錯誤、誤解和人的關係的錯誤評斷都可能對研究成果造成破壞，任何符號或統計上的錯誤也是。

- **筆名**

當民族誌學家在研究中獲得社會或組織接受時，這個計畫便成熟了。被接受後，藉由開發先前未知的象徵和文化知識改進了數據資料品質。當民族誌學家到達了生命的成人期時，洩露神聖文化知識的問題則更具爭議性了。

民族誌學家的描述通常都是詳細而且明顯的，他們在正常人的互動關係下作探討，這樣的描述會陷人們於危險中，有人也許會坦白說出關於鄰居凌亂的舞會並提及要叫警察來，另外也許有人會顯露出主管或是專制、征討的行為，有人只會簡單地表示出一些關於辦公室政

策的言論。每個個體已經對這系統如何運作提供了無可估量的訊息。然而，如果研究者透露了資料的來源，在社區中、學校或辦公室所形成的精密的關係可能就會被破壞。同樣的，涉及一些不合法活動的人，理所當然的關心研究者，或公開他們的身分所造成的影響，這些不合法的活動，包括了在宗教儀式中玩弄有毒的響尾蛇，或是在美國東部的底特律販賣海洛英，使用筆名是隱藏每個人真正身分的一種簡單的方式，並可保障他們免於受到潛在的傷害，隱藏村莊或方案的名字可以防止好奇者突然造訪那社區並破壞社區人民的生活，同樣地，把它們編碼成機密的資料可以防止落入壞人手裡。

　　在某些案例中，筆名（pseudonyms）並不是很有用，在由部落形成的村莊，只有一個酋長，學校只有一種規劃，而社會只有一個領導者，然而，筆名還是可以保護這些人，免於受到研究者廣大讀者的傷害或干擾，民族誌學家在每一個參與者身分被公開的例子中，都必須發揮判斷能力，民族誌學家必須判斷的包括：資料是否足夠證明透露個人的身分是正當的，同樣的資料是否可以用另一種方式或來源呈現，若參與者受到傷害時，相關資料是否該丟棄等……都必須被考量。此外，在很多例子中，一些文化或方案都是公開的資料，有些例子中，參與者會要求研究者使用他們的名字（Booth, 1987），民族誌學家在這些例子中必須發揮他們的判斷力而不只是用溫和的干涉主義。

- **互惠主義**

民族誌學家佔用了人們很多時間，當然他們也作一些回饋。在某些例子裡，民族誌學家提供借給失聰的人們助聽器。有些例子中，民族誌學家則提供時間或專業當作回報。例如，教導參與者英文或數學，擠牛奶或清雞籠，或幫助一個主要的參與者裝置電腦或學習使用軟體，民族誌學家也提供他們的研究結果當作互惠（reciprocity）。

一些狀況下，合法的直接支付是可以被採用的。例如在雇用參與者幫忙分發問卷，雇用他們當考察的指導員，或尋求各種技術上的幫助時都可以採用。然而，直接的支付並不是互惠中最受歡迎的方法，這個方式常常加強了人為需要的模式，且加強了不正當的需求，直接支付報酬也引導了一些人在整個研究過程中的反應，在某些範疇中當研究完成時，某種特別形式的報酬是必須的，但是那不應該變成一種強迫人的、污染的或不合法的行為。

- **犯罪知識與黑手**

更深入的田野工作中，民族誌學家可能會遇到關於犯罪問題和黑手的問題。犯罪知識（guilty knowledge）是指關於不合法活動的相關知識，黑手（dirty hands）是指民族誌學家無法擺脫犯罪行為的無知狀況（Fetterman, 1983; Klockars, 1977; Polsky, 1967）。

在輟學生的研究方案中，我和那學生建立良好的信

任關係，那學生帶我到賣健康食品的店去買格蘭諾拉燕麥捲，並指示我在他們的文化中要到那裡去追查內幕消息，我對犯罪行為有充分的知識，並且是這活動中的一個參與者，雖然是個缺乏世故經驗且不是自願的參與者，然而，對我而言，在這案例中，把這學生或健康食品商交出是件不道德的事（Fetterman, 1983）。

在另外一個極端敏感的例子中，我認為需要保留隱藏那潛在的驚人訊息，在和一個在實驗案例中的學生面談時，我聽到尖叫聲，我把學生留在原處，去朝尖叫聲的來源跑去，當事人在我前面二十呎的地方，正用力的敲門想要把門打開，聲音從房間內傳出而且那聲音是明顯充滿肉慾的，當校長用力把門打開，我們發現活動指導員正在和一個學生發生性行為，他們原本是把門擋住，現在則是一半在地上。這個指導員私底下被解雇了，而這學生則暫時被輟學並送到看護所。

我和校長花了一個晚上的時間討論這件事和我們的道德責任，我深信這個案例是很不典型、很特殊的，且校長已經用很適當的方法解決了這件事，我們知道，如果把這件事呈報給學校的贊助者可能會使學校倒閉，然而身為一個民族誌學家，我對無數的個體有道德上的義務，這無數的個體包括了納稅人到從這方案中獲利的學生，到光明正大的所有工作參與者，基於傳統的風險或利益分析（Reynolds, 1979），我最後決定不封閉這個案例，且承認報導這個案例的確是一種方法上的自殺（Fetterman, 1986e）。

- **嚴謹的工作**

　　在民族誌研究的工作中，道德和品質也都是內在的因素，民族誌學家像大多數的科學家一樣，致力於產生有品質的效果和成果，放棄責任則降低了研究的成效和它的可信度和影響。

　　要讓參與者、策劃人、組織者和納稅者都有合適的科學和道德的義務需要嚴密的努力，參與者的研究努力佔有頗為重要的地位，他們所提供的意見可能支持這研究或推翻這研究，民族誌學家採取了許多預防措施來保護參與者，而保護參與者最重要的方式，就是把工作做好。一種正當的方法是指整個工作以一種清楚強制的方法並可以保障參與者的福利，而一個不精確的努力方式是會導致誤會和不準確，這樣的誤會會導致推翻我所要幫助的團體。民族誌學家必須保證維持他們在研究過程中的品質和努力後的成果，只有對文化或一個族群作完整的描述是不夠的，研究者必須勤勉的從事每個觀察和分析工作，在任何階段缺乏精確和努力都會降低品質及最後結果的準確性。同樣地，在問卷調查工作中，任何人際關係的衰退都會對民族誌研究工作或報告造成不良影響，這些弱點都會使這些研究遭受誤傳和誤會的風險。

　　一個嚴謹的努力來自知識的基礎，一個不良的設計和實行方法，只會對整個系統造成不良影響或浪費時間、浪費資源，也會浪費了那些企圖想在這不穩定的基礎上建立些什麼的人的時間。此外，試圖透過一些會降

低科學工作可信度的詭計的任何活動都會造成漣漪效應，它會破壞了整個科學領域的聲望，沒有可信度的科學家是無法有效的工作，而製造假數據，或不專業的行為及剽竊都會破壞學術界的健全（關於剽竊在此領域的一個引起爭論的案例，見：Fetterman〔1981a, 1981c〕；Rist〔1981〕）。

退休和最後的儀式

　　當計畫完成時，也就是研究者已對主辦機構完成任務或完成對某一文化研究的時刻，此時退休的問題就來臨了，研究者對主辦機構的道德義務是按承諾完成工作，或至少告知主辦者可以繞道而行，或可以修改的方法或方向。當研究者已因壓力而精疲力盡或不再有高品質的工作效果時，這計畫就面臨了最後的儀式了。不良或不道德的工作也會因此造成資金的撤回，或改變參與者的地位而導致計畫的結束。尤其在這研究需要源源不斷的資金時，更易造成這樣的狀況，這樣的方式也剝奪了以更有效率及更專業的方式來運用資金的機會。

　　缺乏嚴謹也會造成主辦者的危難，主辦者對很多人都是負有責任的，就像美國聯邦政府對國會有回應的義務，在選擇研究者和提供研究資料上有不良記錄的主辦者以後就可能沒有機會再做同樣的工作，他們的工作風險是很高的，政府主辦者對納稅人有最終的義務要解決基本的社會問題，在任何地方廢止活動提醒了民族誌學

家去思考要從研究中退休。

道德指引了民族誌研究工作的最初和最後的步驟，民族誌學家在整個研究過程中都站在道德的十字路口，這樣的事實提振道德感並加強努力的品質。

結論

民族誌學家必須要在各種文化的荒漠中漫遊，試著學習從各式各樣的人們眼中去看這個世界。民族誌學家的漫遊帶領著研究者朝未知的方向前進，穿過可怕的危險和空曠的溼地。若沒有充分的準備，這樣的一趟旅程將會變成一個惡夢。

在開始要穿越他們不熟悉的文化旅程之前，民族誌學家必須可能辨識並找出合適的問題，必須學會在這領域中使用理論、概念、方法、技術和合宜的設備。民族誌學家必須也會分析他們的數據，寫出他們發現的東西，並以清晰且可讓人信服的方式來記載。此外，他們必須學會如何在每次使他們面臨關於道德的進退兩難狀況時處理問題。

這本書針對指導新進的民族誌學家在這文化領域中如何交涉，每個章節都尋這個方向提供了一個里程碑。諷刺的是，好的民族誌學家必須繞道而行，並在文化中迷失藉此以摸清它的狀況。我希望這本書對於新進民族

誌學家是有用的指導範本，對老師而言是良好的工具書，對有經驗的民族誌學家而言是個複習課程。那些剛發現自己才剛開始旅行並被他們尚未經歷的旅程所驚嚇時，也許可以在老子這位哲人所說的話中得到一些安慰：「千里之行，始於足下。」

參考書目

Agar, M. (1980). *The professional stranger*. New York: Academic Press.

Agar, M. (1986). *Speaking of ethnography*. Beverly Hills, CA: Sage.

Bank, A. (1986). [Review of *Ethnography in educational evaluation*, by David M. Fetterman]. *Evaluation and Program Planning, 9*, 180-183.

Barnett, H. G. (1953). *Innovation: The basis of culture change*. New York: McGraw-Hill.

Basham, R., & DeGroot, D. (1977). Current approaches to the anthropology of urban and complex societies. *American Anthropologist, 79*, 414-440.

Becker, H. S. (1979). Do photographs tell the truth? In T. D. Cook & C. S. Reichardt (Eds.), *Qualitative and quantitative methods in evaluation research*. Beverly Hills, CA: Sage.

Bee, R. L. (1974). *Patterns and processes: An introduction to anthropological strategies for the study of sociocultural change*. New York: Free Press.

Bellman, B. L., & Jules-Rosette, B. (1977). *A paradigm for looking: Cross-cultural research with visual media*. Norwood, NJ: Ablex.

Bernstein, T. M. (1965). *The careful writer: A modern guide to English usage*. New York: Atheneum.

Bernstein, T. M. (1977). *Dos, don'ts & maybes of English usage*. New York: Times Books.

Birdwhistell, R. L. (1970). *Kinesics and context: Essays on body motion communication*. Philadelphia: University of Pennsylvania Press.

Blalock, H. M. (1979). *Social statistics*. New York: McGraw-Hill.

Blumer, H. (1969). *Symbolic interactionism: Perspective and method*. Englewood Cliffs, NJ: Prentice-Hall.

Bogdan, R. C., & Biklen, S. K. (1982). *Qualitative research for education: An introduction to theory and methods*. Boston: Allyn & Bacon.

Bogdan, R. C., & Taylor, S. J. (1975). *Introduction to qualitative research methods: A phenomenological approach to the social sciences*. New York: John Wiley.

Bohannan, P., & Middleton, J. (1968). *Kinship and social organization*. New York: Natural History Press.

Booth, E. O. (1987). Researcher as participant: Collaborative evaluation in a primary school. In D. M. Fetterman (Ed.), Perennial issues in qualitative research [Special issue]. *Education and Urban Society, 20*(1), 55-85.

Brent, E. (1984). Qualitative computing approaches and issues. *Qualitative Sociology, 7*, 61-74.

Brim, J. A., & Spain, D. H. (1974). *Research design in anthropology: Paradigms and pragmatics in the testing of hypotheses*. New York: Holt, Rinehart & Winston.

Britan, G. M. (1978). Experimental and contextual models of program evaluation. *Evaluation and Program Planning, 1*, 229-234.

Burnett, J. H. (1976). Ceremony, rites, and economy in the student system of an American high school. In J. I. Roberts & S. K. Akinsanya (Eds.), *Educational patterns and cultural configurations* (pp. 313-323). New York: David McKay.

Cazden, C. B. (1979). *Peekaboo as an instructional strategy: Discourse development at home and at school* (Papers and Reports on Child Language Development, No. 17). Stanford, CA: Stanford University, Department of Linguistics.

Chagnon, N. A. (1977). *Yanomamo: The fierce people*. New York: Holt, Rinehart & Winston.

Claremont, L. de (1938). *Legends of incense, herb and oil magic*. Dallas: Dorene.

Collier, J. (1967). *Visual anthropology: Photography as a research method.* New York: Holt, Rinehart & Winston.

Computer-assisted anthropology [Special section]. (1984). *Practicing Anthropology, 6*(2), 1-17.

Conrad, P., & Reinharz, S. (1984). Computers and qualitative data. *Qualitative Sociology, 7,* 1-2.

Cook, T. D., & Campbell, D. T. (1979). *Quasi-experimentation: Design and analysis issues for field settings.* Chicago: Rand McNally.

Daner, F. J. (1976). *The American children of Krsna: A study of the Hare Krsna movement.* New York: Holt, Rinehart & Winston.

Deng, F. M. (1972). *The Dinka of the Sudan.* New York: Holt, Rinehart & Winston. (Reissued by Waveland Press)

Denzin, N. K. (1978). *The research act: A theoretical introduction to sociological methods.* New York: McGraw-Hill.

Dobbert, M. L. (1982). *Ethnographic research: Theory and application for modern schools and societies.* New York: Praeger.

Dolgin, J. L., Kemnitzer, D. S., & Schneider, D. M. (1977). *Symbolic anthropology: A reader in the study of symbols and meanings.* New York: Columbia University Press.

Dorr-Bremme, D. W. (1985). Ethnographic evaluation: A theory and method. *Educational Evaluation and Policy Analysis, 7*(1), 65-83.

Downs, J. F. (1972). *The Navajo.* New York: Holt, Rinehart & Winston. (Reissued by Waveland Press)

Ellen, R. F. (1984). *Ethnographic research: A guide to general conduct.* New York: Academic Press.

Erickson, F. (1976). Gatekeeping encounters: A social selection process. In P. R. Sanday (Ed.), *Anthropology and the public interest: Fieldwork and theory.* New York: Academic Press.

Erickson, F., & Wilson, J. (1982). *Sights and sounds of life in schools: A resource guide to film and videotape for research and education.* East Lansing: Michigan State University, Institute for Research on Teaching of the College of Education.

Evans-Pritchard, E. E. (1940). *The Nuer: A description of the modes of livelihood and political institutions of a nilotic people.* New York: Oxford University Press.

Evans-Pritchard, E. E. (1951). *Social anthropology.* London: Cohen & West.

Fetterman, D. M. (1980). Ethnographic techniques in educational evaluation: An illustration. In A. Van Fleet (Ed.), Anthropology of education: Methods and applications [Special issue]. *Journal of Thought, 15*(3), 31-48.

Fetterman, D. M. (1981a). A new peril for the contract ethnographer. *Anthropology and Education Quarterly, 12*(1), 71-80.

Fetterman, D. M. (1981b). Blaming the victim: The problem of evaluation design and federal involvement, and reinforcing world views in education. *Human Organization, 40*(1), 67-77.

Fetterman, D. M. (1981c). Protocol and publication: Ethical obligations. *Anthropology and Education Quarterly, 12*(1), 82-83.

Fetterman, D. M. (1982a). Ethnography in educational research: The dynamics of diffusion. *Educational Researcher, 11*(3), 17-29.

Fetterman, D. M. (1982b). Ibsen's baths: Reactivity and insensitivity—A misapplication of the treatment-control design in a national evaluation. *Educational Evaluation and Policy Analysis, 4*(3), 261-279.

Fetterman, D. M. (1983). Guilty knowledge, dirty hands, and other ethical dilemmas: The hazards of contract research. *Human Organization, 42*(3), 214-224.

Fetterman, D. M. (1984). *Ethnography in educational evaluation.* Beverly Hills, CA: Sage.

Fetterman, D. M. (1986a). A response to Adrianne Bank: The role of informed criticism in scholarly review. *Evaluation and Program Planning, 9,* 183-184.

Fetterman, D. M. (1986b). Beyond the status quo in ethnographic educational evaluation. In D. M. Fetterman & M. A. Pitman (Eds.), *Educational evaluation: Ethnography in theory, practice, and politics.* Beverly Hills, CA: Sage.

Fetterman, D. M. (1986c). [Review of *Ethnography and qualitative design in educational research,* by J. P. Goetz and M. D. LeCompte]. *American Anthropologist, 88*(3), 764-765.

Fetterman, D. M. (1986d). [Review of *The politics of education: Culture, power, and liberation,* by Paulo Freire]. *American Anthropologist, 88*(1), 253-254.

Fetterman, D. M. (1986e). Conceptual crossroads: Methods and ethics in ethnographic evaluation. In D. D. Williams (Ed.), *Naturalistic evaluation* (New Directions for Program Evaluation 30). San Francisco: Jossey-Bass.

Fetterman, D. M. (1986f). Gifted and talented education: A national test case in Peoria. *Educational Evaluation and Policy Analysis, 8*(2), 155-166.

Fetterman, D. M. (1986g). Operational auditing: A cultural approach. *Internal Auditor, 43*(2), 48-54.

Fetterman, D. M. (1987a). Ethnographic educational evaluation. In G. D. Spindler (Ed.), *Interpretive ethnography of education: At home and abroad.* Hillsdale, NJ: Lawrence Erlbaum.

Fetterman, D. M. (1987b, November 18-22). *Multiple audiences reflect multiple realities.* Invited presentation at the 86th Annual Meeting of the American Anthropological Association, Chicago.

Fetterman, D. M. (1988a). *Excellence and equality: A qualitatively different perspective on gifted and talented education.* Albany: State University of New York Press.

Fetterman, D. M. (1988b). *Qualitative approaches to evaluation in education: The silent scientific revolution.* New York: Praeger.

Fetterman, D. M., & Pitman, M. A. (Eds.). (1986). *Educational evaluation: Ethnography in theory, practice, and politics.* Beverly Hills, CA: Sage.

Fletcher, C. (1970). *The complete walker: The joys and techniques of hiking and backpacking.* New York: Alfred A. Knopf.

Fowler, F. J. (1988). *Survey research methods* (rev. ed.). Newbury Park, CA: Sage.

Freilick, M. (Ed.). (1970). *Marginal natives: Anthropologists at work.* New York: Harper & Row.

Gamache, H. (1942). *The master book of candle burning or how to burn candles for every purpose.* Highland Falls, NY: Sheldon.

Garfinkel, H. (1967). *Studies in ethnomethodology.* Englewood Cliffs, NJ: Prentice-Hall.

Geertz, C. (1957). Ritual and social change: A Javanese example. *American Anthropologist, 59,* 32-54.

Geertz, C. (1963). *Agricultural involution.* Berkeley: University of California Press.

Geertz, C. (1973). *The interpretation of cultures.* New York: Basic Books.

Glaser, B., & Strauss, A. L. (1967). *The discovery of grounded theory: Strategies for qualitative research.* Chicago: Aldine.

Gluckman, M. (1968). The utility of the equilibrium model in the study of social change. *American Anthropologist, 70*(2), 219-237.

Goetz, J. P., & LeCompte, M. D. (1984). *Ethnography and qualitative design in educational research.* New York: Academic Press.

Groves, R. M., & Kahn, R. L. (1979). *Surveys by telephone: A national comparison with personal interviews.* New York: Academic Press.

Gumperz, J. (1972). The speech community. In P. P. Giglioli (Ed.), *Language and social context*. Harmondsworth, England: Penguin.

Guttman, L. (1944). A basis for scaling qualitative data. *American Sociological Review, 9*, 139-150.

Habermas, J. (1968). *Knowledge and human interests*. Boston: Beacon.

Hagburg, E. (1970). Validity of questionnaire data: Reported and observed attendance in an adult education program. In D. P. Forcese & S. Richer (Eds.), *Stages of social research: Contemporary perspectives*. Englewood Cliffs, NJ: Prentice-Hall.

Hall, E. T. (1974). *Handbook for proxemic research*. Washington, DC: Society for the Anthropology of Visual Communication.

Hammersley, M., & Atkinson, P. (1983). *Ethnography: Principles in practice*. New York: Tavistock.

Harris, M. (1968). *The rise of anthropological theory*. New York: Thomas Y. Crowell.

Harris, M. (1971). *Culture, man, and nature*. New York: Thomas Y. Crowell.

Hart, C. W. M., & Pilling, A. R. (1960). *The Tiwi of North Australia*. New York: Holt, Rinehart & Winston.

Heath, S. B. (1982). Questions at home and school. In G. Spindler (Ed.), *Doing the ethnography of schooling: Educational anthropology in action*. New York: Holt, Rinehart & Winston.

Heider, K. G. (1976). *Ethnographic film*. Austin: University of Texas Press.

Hockings, P. (Ed.). (1975). *Principles of visual anthropology*. The Hague: Mouton.

Hopkins, K. D., & Glass, G. V (1978). *Basic statistics for the behavioral sciences*. Englewood Cliffs, NJ: Prentice-Hall.

Hostetler, J. A., & Huntington, G. E. (1967). *The Hutterites in North America*. New York: Holt, Rinehart & Winston.

Hostetler, J. A., & Huntington, G. E. (1971). *Children in Amish society: Socializing and community education*. New York: Holt, Rinehart & Winston.

Jacobs, J. (1974). *Fun city: An ethnographic study of a retirement community*. New York: Holt, Rinehart & Winston. (Reissued by Waveland Press)

Jacoby, R. (1987). *The last intellectuals: American culture in the age of academe*. New York: Basic Books.

Janesick, V. J. (1986). [Review of *Ethnography in educational evaluation*, by David M. Fetterman]. *American Journal of Education*, pp. 555-558.

Kaplan, D., & Manners, R. A. (1972). *Culture theory*. Englewood Cliffs, NJ: Prentice-Hall. (Reissued by Waveland Press)

Keiser, R. L. (1969). *The vice lords: Warriors of the street*. New York: Holt, Rinehart & Winston.

King, A. R. (1967). *The school at Mopass: A problem of identity*. New York: Holt, Rinehart & Winston.

Klockars, C. B. (1977). Field ethics for the life history. In R. S. Weppner (Ed.), *Street ethnography: Selected studies of crime and drug use in natural settings*. Beverly Hills, CA: Sage.

Klockars, C. B. (1979). Dirty hands and deviant subjects. In C. B. Klockars & F. W. O'Connor (Eds.), *Deviance and decency: The ethics of research with human subjects*. Beverly Hills, CA: Sage.

Lareau, A. (1987). Teaching qualitative methods: The role of classroom activities. In D. M. Fetterman (Ed.), Perennial issues in qualitative research [Special issue]. *Education and Urban Society, 20*(1), 86-120.

Lavrakas, P. J. (1987). *Telephone survey methods*. Newbury Park, CA: Sage.

Levine, H. G. (1985). Principles of data storage and retrieval for use in qualitative evaluations. *Educational Evaluation and Policy Analysis, 7*(2), 169-186.

Maxwell, J. A., Bashook, P. G., & Sandlow, L. J. (1986). Combining ethnographic and experimental methods in educational evaluation: A case study. In D. M. Fetterman & M. A. Pitman (Eds.), *Educational evaluation: Ethnography in theory, practice, and politics.* Beverly Hills, CA: Sage.

McDermott, R. P. (1974). Achieving school failure: An anthropological approach to illiteracy and social stratification. In G. D. Spindler (Ed.), *Education and cultural process: Toward an anthropology of education.* New York: Holt, Rinehart & Winston.

McFee, M. (1972). *Modern Blackfeet: Montanans on a reservation.* New York: Holt, Rinehart & Winston. (Reissued by Waveland Press)

Mehan, H. (1987). Language and schooling. In G. D. Spindler (Ed.), *Interpretive ethnography of education: At home and abroad.* Hillsdale, NJ: Lawrence Erlbaum.

Mehan, H., & Wood, H. (1975). *The reality of ethnomethodology.* New York: John Wiley.

Miles, M. B., & Huberman, A. M. (1984). *Qualitative data analysis: A sourcebook of new methods.* Beverly Hills, CA: Sage.

Mills, C. (1959). *The sociological imagination.* New York: Oxford University Press.

Ogbu, J. U. (1978). *Minority education and caste: The American system in cross-cultural perspective.* New York: Academic Press.

Osgood, C. (1964). Semantic differential technique in the comparative study of cultures. In A. K. Romney & R. G. D'Andrade (Eds.), Transcultural studies in cognition [Special issue]. *American Anthropologist, 66.*

Patton, M. Q. (1980). *Qualitative evaluation methods.* Beverly Hills, CA: Sage.

Pelto, P. J. (1970). *Anthropological research: The structure of inquiry.* New York: Harper & Row.

Pelto, P. J., & Pelto, G. H. (1978). *Anthropological research: The structure of inquiry* (2nd ed.). Cambridge: Cambridge University Press.

Phelan, P. (1987). Compatibility of qualitative and quantitative methods: Studying child sexual abuse in America. In D. M. Fetterman (Ed.), Perennial issues in qualitative research [Special issue]. *Education and Urban Society, 20*(1), 35-41.

Pi-Sunyer, O., & Salzmann, Z. (1978). *Humanity and culture: An introduction to anthropology.* Boston: Houghton Mifflin.

Pitman, M. A., & Dobbert, M. L. (1986). The use of explicit anthropological theory in educational evaluation: A case study. In D. M. Fetterman & M. A. Pitman (Eds.), *Educational evaluation: Ethnography in theory, practice, and politics.* Beverly Hills, CA: Sage.

Podolefsky, A., & McCarthy, C. (1983). Topical sorting: A technique for computer assisted qualitative data analysis. *American Anthropologist, 85,* 886-890.

Polsky, N. (1967). *Hustlers, beats, and others.* Chicago: Aldine.

Powdermaker, H. (1966). *Stranger and friend: The way of an anthropologist.* New York: W. W. Norton.

Powell, W. W. (1985). *Getting into print: The decision-making process in scholarly publishing.* Chicago: University of Chicago Press.

Radcliffe-Brown, A. R. (1952). *Structure and function in primitive society.* New York: Free Press.

Reynolds, P. D. (1979). *Ethical dilemmas and social science research.* San Francisco: Jossey-Bass.

Rist, R. (1981). Shadow versus substance: A reply to David Fetterman. *Anthropology and Education Quarterly, 12*(1), 81-82.

Rosenfeld, G. (1971). *"Shut those thick lips!": A study of slum school failure.* New York: Holt, Rinehart & Winston. (Reissued by Waveland Press)

Rotter, J. B. (1964). *Clinical psychology.* Englewood Cliffs, NJ: Prentice-Hall.

Rynkiewich, M. A., & Spradley, J. P. (1976). *Ethics and anthropology: Dilemmas in fieldwork.* New York: John Wiley.

Schwandt, T. A., & Halpern, E. S. (1988). *Linking auditing and meta-evaluation.* Newbury Park, CA: Sage.

Shultz, J., & Florio, S. (1979). Stop and freeze: The negotiation of social and physical space in a kindergarten/first grade classroom. *Anthropology and Education Quarterly, 10*, 166-181.

Simon, E. L. (1986). Theory in educational evaluation: Or, what's wrong with generic-brand anthropology. In D. M. Fetterman & M. A. Pitman (Eds.), *Educational evaluation: Ethnography in theory, practice, and politics.* Beverly Hills, CA: Sage.

Society for the Anthropology of Visual Communication. *Studies in the anthropology of visual communication.* Philadelphia: Annenberg School Press.

Spindler, G. (1955). *Sociocultural and psychological processes in Menomini acculturation* (Publications in Culture and Society, No. 5). Berkeley: University of California Press.

Spindler, G., & Goldschmidt, W. R. (1952). Experimental design in the study of culture change. *Southwestern Journal of Anthropology, 8*, 68-83.

Spindler, G. D., & Spindler, L. (1958). Male and female adaptations in culture change. *American Anthropologist, 60*, 217-233.

Spindler, G. D., & Spindler, L. (1970). *Being an anthropologist: Fieldwork in eleven cultures.* New York: Holt, Rinehart & Winston. (Reissued by Waveland Press)

Spindler, L. (1962). Menomini women and culture change. *American Anthropological Association Memoir, 91.*

Spradley, J. P. (1970). *You owe yourself a drunk: An ethnography of urban nomads.* Boston: Little, Brown.

Spradley, J. P. (1979). *The ethnographic interview.* New York: Holt, Rinehart & Winston.

Spradley, J. P. (1980). *Participant observation.* New York: Holt, Rinehart & Winston.

Spradley, J. P., & McCurdy, D. W. (1972). *The cultural experience: Ethnography in complex society.* Palo Alto, CA: Science Research Associates.

Spradley, J. P., & McCurdy, D. W. (1975). *Anthropology: The cultural perspective.* New York: John Wiley.

Sproull, L. S., & Sproull, R. F. (1982). Managing and analyzing behavior records: Explorations in nonnumeric data analysis. *Human Organization, 41*, 283-290.

Steward, J. H. (1955). *Theory of culture change.* Urbana: University of Illinois Press.

Strunk, W., & White, E. B. (1959). *The elements of style.* Toronto: Macmillan.

Studstill, J. D. (1986). Attribution in Zairian secondary schools: Ethnographic evaluation and sociocultural systems. In D. M. Fetterman & M. A. Pitman (Eds.), *Educational evaluation: Ethnography in theory, practice, and politics.* Beverly Hills, CA: Sage.

Tax, S. (1958). The Fox Project. *Human Organization, 17*, 17-19.

Taylor, S. J., & Bogdan, R. (1984). *Introduction to qualitative research methods: The search for meanings.* New York: John Wiley.

Tonkinson, R. (1974). *The Jigalong Mob: Aboriginal victors of the desert crusade.* Menlo Park, CA: Cummings.

Van Til, W. (1987). *Writing for professional publication.* Newton, MA: Allyn & Bacon.

Vogt, E. (1960). On the concepts of structure and process in cultural anthropology. *American Anthropologist, 62*(1), 18-33.

Webb, E. J., Campbell, D. T., Schwartz, R. D., & Sechrest, L. (1966). *Unobtrusive measures: Nonreactive research in the social sciences.* Chicago: Rand McNally.

Weaver, 'I. (1973). *To see ourselves: Anthropology and modern social issues.* Glenview, IL: Scott, Foresman.

Werner, O., & Schoepfle, G. M. (1987a). *Systematic fieldwork* (Vol. 1). Newbury Park, CA: Sage.

Werner, O., & Schoepfle, G. M. (1987b). *Systematic fieldwork* (Vol. 2). Newbury Park, CA: Sage.

Whyte, W. F. (1955). *Street corner society: The social structure of an Italian slum.* Chicago: University of Chicago Press.

Wolcott, H. F. (1973). *The man in the principal's office: An ethnography.* New York: Holt, Rinehart & Winston. (Reissued by Waveland Press)

Wolcott, H. F. (1975). Criteria for an ethnographic approach to research in schools. *Human Organization, 34,* 111-127.

Wolcott, H. F. (1980). How to look like an anthropologist without really being one. *Practicing Anthropology, 3*(2), 39.

Wolcott, H. F. (1982). Mirrors, models, and monitors: Educator adaptations of the ethnographic innovation. In G. D. Spindler (Ed.), *Doing the ethnography of schooling: Educational anthropology in action.* New York: Holt, Rinehart & Winston.

Wolf, A. (1970). Childhood association and sexual attraction: A further test of the Westermarck hypothesis. *American Anthropologist, 72,* 503-515.

Yin, R. K. (1984). *Case study research: Design and methods.* Beverly Hills, CA: Sage.

索引

A

B

C

F

G

J

K

L

M

S

T

關於作者

David M. Fetterman，史丹佛大學行政工作的一員，同時也是教育學院的成員。他是 Sierra Nevada 學院的教育學教授，在史丹佛大學得到他的教育學和醫用人類學博士學位。在以前，他是 RMC 研究公司的計畫指導及資深夥伴，加州資深市民生活中心的助理指導，康州經濟機會辦公室援窮計畫的指導，以及城裡的高中老師。他曾經在以色列和美國（布魯克林、東底特律、西雅圖、華盛頓特區等地）進行過田野調查。他還專門研究輟學生、被遺棄的學生、移民、多文化、雙語區、藝術會議、衝突解決以及資優教育計畫的民族誌學家。他是美國人類學機構會議甫當選的主委，負責人類學和教育學。他也曾是議會的準董事，教育委員會民族誌的教育方法的主席，負責聯絡美國教育研究機構，委員會的第一位民族誌報紙（Anthropology Newsletter）主編，發展委員會委員。他也是美國教育機構的定性方法決策主席，負責聯絡應用人類學協會和美國教育機構。他曾得到人類學和教育學會議的民族誌教育學獎，以及教育研究協會的

總統獎以表揚他對民族誌教育改革的貢獻。他也得到華盛頓職業人類學家協會的應用出版獎，表揚他在翻譯語言實用化的傑出表現。

他是以下出版品的作者或編輯：《Ethnography in Educational Evaluation》、《Educational Evaluation: Ethnography in Theory, Practice, and Politics》（和 Mary Anne Pitman 合著）；《Excellence and Equality: A Qualitatively Different Perspective on Gifted and Talented Education》以及《Qualitative Approaches to Evaluation in Education: The Silent Scientific Revolution》。同時，他也發表過許多文章。

弘智文化價目表

弘智文化出版品進一步資訊歡迎至網站瀏覽：honz-book.com.tw

書　名	定價	書　名	定價
社會心理學（第三版）	700	生涯規劃：掙脫人生的三大桎梏	250
教學心理學	600	心靈塑身	200
生涯諮商理論與實務	658	享受退休	150
健康心理學	500	婚姻的轉捩點	150
金錢心理學	500	協助過動兒	150
平衡演出	500	經營第二春	120
追求未來與過去	550	積極人生十撇步	120
夢想的殿堂	400	賭徒的救生圈	150
心理學：適應環境的心靈	700		
兒童發展	出版中	生產與作業管理（精簡版）	600
為孩子做正確的決定	300	生產與作業管理（上）	500
認知心理學	出版中	生產與作業管理（下）	600
照護心理學	390	管理概論：全面品質管理取向	650
老化與心理健康	390	組織行為管理學	800
身體意象	250	國際財務管理	650
人際關係	250	新金融工具	出版中
照護年老的雙親	200	新白領階級	350
諮商概論	600	如何創造影響力	350
兒童遊戲治療法	500	財務管理	出版中
認知治療法概論	500	財務資產評價的數量方法一百問	290
家族治療法概論	出版中	策略管理	390
婚姻治療法	350	策略管理個案集	390
教師的諮商技巧	200	服務管理	400
醫師的諮商技巧	出版中	全球化與企業實務	900
社工實務的諮商技巧	200	國際管理	700
安寧照護的諮商技巧	200	策略性人力資源管理	出版中
		人力資源策略	390

書　名	定價		書　名	定價
管理品質與人力資源	290		社會學：全球性的觀點	650
行動學習法	350		紀登斯的社會學	出版中
全球的金融市場	500		全球化	300
公司治理	350		五種身體	250
人因工程的應用	出版中		認識迪士尼	320
策略性行銷（行銷策略）	400		社會的麥當勞化	350
行銷管理全球觀	600		網際網路與社會	320
服務業的行銷與管理	650		立法者與詮釋者	290
餐旅服務業與觀光行銷	690		國際企業與社會	250
餐飲服務	590		恐怖主義文化	300
旅遊與觀光概論	600		文化人類學	650
休閒與遊憩概論	600		文化基因論	出版中
不確定情況下的決策	390		社會人類學	390
資料分析、迴歸、與預測	350		血拼經驗	350
確定情況下的下決策	390		消費文化與現代性	350
風險管理	400		肥皂劇	350
專案管理師	350		全球化與反全球化	250
顧客調查的觀念與技術	450		身體權力學	320
品質的最新思潮	450			
全球化物流管理	出版中		教育哲學	400
製造策略	出版中		特殊兒童教學法	300
國際通用的行銷量表	出版中		如何拿博士學位	220
組織行為管理學	800		如何寫評論文章	250
許長田著「行銷超限戰」	300		實務社群	出版中
許長田著「企業應變力」	300		現實主義與國際關係	300
許長田著「不做總統，就做廣告企劃」	300		人權與國際關係	300
許長田著「全民拼經濟」	450		國家與國際關係	300
許長田著「國際行銷」	580			
許長田著「策略行銷管理」	680		統計學	400

弘智文化價目表

弘智文化出版品進一步資訊歡迎至網站瀏覽：honz-book.com.tw

書　名	定　價		書　名	定　價
社會心理學（第三版）	700		生涯規劃：掙脫人生的三大桎梏	250
教學心理學	600		心靈塑身	200
生涯諮商理論與實務	658		享受退休	150
健康心理學	500		婚姻的轉捩點	150
金錢心理學	500		協助過動兒	150
平衡演出	500		經營第二春	120
追求未來與過去	550		積極人生十撇步	120
夢想的殿堂	400		賭徒的救生圈	150
心理學：適應環境的心靈	700			
兒童發展	出版中		生產與作業管理（精簡版）	600
為孩子做正確的決定	300		生產與作業管理（上）	500
認知心理學	出版中		生產與作業管理（下）	600
照護心理學	390		管理概論：全面品質管理取向	650
老化與心理健康	390		組織行為管理學	800
身體意象	250		國際財務管理	650
人際關係	250		新金融工具	出版中
照護年老的雙親	200		新白領階級	350
諮商概論	600		如何創造影響力	350
兒童遊戲治療法	500		財務管理	出版中
認知治療法概論	500		財務資產評價的數量方法一百問	290
家族治療法概論	出版中		策略管理	390
婚姻治療法	350		策略管理個案集	390
教師的諮商技巧	200		服務管理	400
醫師的諮商技巧	出版中		全球化與企業實務	900
社工實務的諮商技巧	200		國際管理	700
安寧照護的諮商技巧	200		策略性人力資源管理	出版中
			人力資源策略	390

民 族 誌 學

原　　著／David M. Fetterman
譯　　者／賴文福
執行編輯／古淑娟
出 版 者／弘智文化事業有限公司
登 記 證／局版台業字第 6263 號
地　　址／台北市大同區民權西路 118 巷 15 弄 3 號 7 樓
電　　話／（02）2557-5685・0932321711・0921121621
傳　　真／（02）2557-5383
發 行 人／邱一文
書店經銷／旭昇圖書有限公司
地　　址／台北縣中和市中山路 2 段 352 號 2 樓
電　　話／（02）22451480
傳　　真／（02）22451479
製　　版／信利印製有限公司
版　　次／2000 年 04 月初版一刷
定　　價／250 元
弘 智 文 化 出 版 品 進 一 步 資 訊 歡 迎 至 網 站 瀏 覽 ：
http://www.honz-book.com.tw

ISBN 957-97910-8-2

國家圖書館出版品預行編目資料

民族誌 / David M. Fetterman 著, 賴文福譯. --初版. --台北市：

弘智文化；2000〔民 89〕

冊： 公分（應用社會科學調查研究方法系列叢書；13）

參考書目：面；含索引

譯自：Ethnography：Step by Step

ISBN 957-97910-8-2（平裝）

1. 民族學—研究方法

535.031   89001186